BRIAN GAGG

WORTSUCHRÄTSEL
3 in 1 SAMMELBAND

FREUNDSCHAFT, GLÜCK und LIEBESZITATE

Bibliografische Information der Deutschen Nationalbibliothek:
Die Deutsche Nationalbibliothek verzeichnet diese Publikation in der Deutschen Nationalbibliografie; detaillierte bibliografische Daten sind im Internet über http://dnb.dnb.de abrufbar.

Herstellung und Verlag: BoD – Books on Demand, Norderstedt
ISBN: 9783754398111

Inhaltsangabe Seite

Einleitung

Auf den folgenden Seiten finden sich thematisch sortierte Wortsuchrätsel.
Um ein Wortsuchrätsel zu lösen, müssen alle jeweils aufgelisteten Worte in der darüber befindlichen Buchstabenmatrix gefunden werden. Ist ein Wort gefunden, sollte es mit einem Stift umkreist und das gefundene Wort aus der Liste gestrichen werden. Sind alle Worte aus der Liste gefunden, ist das Rätsel gelöst. Bei Schwierigkeiten ein Rätsel zu lösen, kann die Lösung jeweils auf der Rückseite nachgeschaut werden. Die zu findenden Worte sind jeweils als ganzes (d.h. immer nur in einer Richtung und ungebrochen) in der Matrix nach folgenden Regeln versteckt:

- Suchworte können sich überlagern, d.h. ein Buchstabenkästchen kann von mehreren Suchworten genutzt sein.

- Worte können vorwärts, rückwärts, horizontal, vertikal oder diagonal in der Matrix versteckt sein.

- Suchworte stehen für sich alleine und sind unter- oder nebeneinander aufgelistet.

T	R	R	R	D	B	J	D	C	J	G	A	Q	M	V	O	P	P	P
F	E	F	I	E	A	H	U	N	E	V	E	L	P	C	R	U	Q	E
O	I	R	Y	K	A	O	M	I	T	X	J	F	P	N	F	Z	J	T
I	F	Q	X	R	P	W	L	E	D	T	E	T	I	P	P	S	W	N
S	N	I	Z	O	B	U	N	D	S	K	F	G	R	R	K	T	F	I
E	L	D	E	J	T	H	R	U	H	E	Z	Q	N	O	C	F	P	E
E	A	E	O	S	V	S	K	E	W	Z	N	U	O	R	P	Q	C	M
L	D	I	D	A	A	Y	A	U	N	B	S	E	S	S	E	H	C	E
E	O	H	R	B	U	K	G	L	C	I	G	T	F	P	R	U	I	G
N	P	T	M	Y	D	U	V	H	H	T	E	I	I	F	R	B	F	R
V	E	A	G	V	O	V	U	K	R	D	M	D	S	T	O	U	H	J
E	T	P	I	B	W	B	X	E	O	V	S	H	H	T	H	S	C	V
R	U	M	N	J	U	J	A	D	A	N	K	B	A	R	J	V	L	H
W	R	Y	M	V	A	L	K	E	X	I	T	C	W	K	U	B	A	G
A	A	S	U	J	K	Y	H	T	J	Y	Y	K	K	G	T	D	E	H
N	F	N	L	R	Z	E	P	F	S	E	T	X	B	H	R	R	Q	O
D	O	B	E	J	A	T	E	A	G	N	I	W	L	F	N	D	Z	V
T	E	T	T	N	S	K	C	Y	C	P	F	E	V	M	E	M	E	H
S	P	X	A	O	R	D	I	C	H	B	Z	R	H	O	R	F	T	Y
C	O	C	R	E	T	N	X	O	W	A	B	K	G	T	C	E	S	D
H	Q	T	M	C	M	E	A	Y	D	I	N	G	E	W	A	J	G	Z
A	J	M	V	G	M	B	P	Q	J	U	K	G	J	R	T	E	N	A
F	I	I	V	C	I	E	V	B	B	W	U	P	O	B	T	H	E	U
T	H	A	B	E	N	G	N	D	C	T	U	S	N	I	E	S	A	N

1

DANKBAR SEIN
NIMMT DIR AENGSTE
TROST UND ZUSPRUCH
GERN IN DEINER NAEHE
GUT GEMEINTE TIPPS GEBEN
SEELENVERWANDTSCHAFT
IST IMMER FUER DICH DA
EIN OFFENES OHR HABEN
ERKLAERT DINGE
SYMPATHIE

Lösung

T R R R D B J D C J G A Q M V O P P P
F E F I E A H U N E V E L P C R U Q E
O I R Y K A O M I T X J F P N F Z J T
I F Q X R P W L E D T E T I P P S W N
S N I Z O B U N D S K F G R R K T F I
E L D E J T H R U H E Z Q N O C F P E
E A E O S V S K E W Z N U O R P Q C M
L D I D A A Y A U N B S E S S E H C E
E O H R B U K G L C I G T F P R U I G
N P T M Y D U V H H T E I I F R B F R
V E A G V O V U K R D M D S T O U H J
E T P I B W B X E O V S H H T H S C V
R U M N J U J A D A N K B A R J V L H
W R Y M V A L K E X I T C W K U B A G
A A S U J K Y H T J Y Y K K G T D E H
N F N L R Z E P F S E T X B H R R Q O
D O B E J A T E A G N I W L F N D Z V
T E T T N S K C Y C P F E V M E M E H
S P X A O R D I C H B Z R H O R F T Y
C O C R E T N X O W A B K G T C E S D
H Q T M C M E A Y D I N G E W A J G Z
A J M V G M B P Q J U K G J R T E N A
F I I V C I E V B B W U P O B T H E U
T H A B E N G N D C T U S N I E S A N

P	F	B	E	W	E	M	U	Y	U	K	W	Q	S	N	E	Z	I	K
T	S	U	G	N	F	B	K	T	S	O	M	C	U	A	I	P	P	U
G	X	L	E	X	U	L	I	C	H	T	B	L	I	C	K	V	C	S
N	K	G	I	Z	U	S	A	M	M	E	N	G	E	M	A	C	H	T
I	E	F	Y	N	L	J	G	B	E	E	E	S	J	B	O	T	A	K
T	N	Q	Z	E	Y	Z	W	S	Y	H	W	C	W	S	D	N	K	S
T	N	Q	I	G	Y	M	E	G	E	T	I	H	O	D	P	E	J	O
X	E	J	B	N	P	C	X	N	V	O	P	W	H	G	K	N	R	I
H	N	D	G	U	S	D	I	J	N	S	H	E	L	N	P	N	W	V
C	F	N	E	R	E	N	C	E	C	M	T	L	W	I	X	E	G	X
I	K	E	M	E	E	B	E	A	S	M	C	G	O	O	T	O	S	B
S	L	B	E	N	L	O	D	F	L	A	J	E	L	F	P	K	G	Y
S	A	E	I	N	E	T	L	L	I	I	U	N	L	L	X	N	Y	M
N	C	G	N	I	N	E	P	B	C	J	Z	T	E	N	U	L	M	Y
I	H	T	S	R	T	X	P	F	V	Z	Q	U	N	N	F	U	T	S
O	E	A	A	E	A	T	E	S	M	H	F	G	N	J	T	Q	A	G
S	N	R	M	K	N	J	N	K	W	X	S	E	S	J	Z	M	Q	U
O	I	F	A	F	K	E	G	H	E	D	K	Q	V	C	R	S	A	T
O	E	K	E	Z	S	K	D	T	R	R	F	D	W	F	F	P	V	E
X	E	I	H	Y	T	Y	T	I	E	K	H	V	H	T	B	V	N	W
O	W	N	R	J	E	L	O	N	T	B	R	L	X	J	C	A	O	I
B	X	O	K	N	L	W	A	F	S	I	L	I	B	J	J	C	U	H
F	S	B	N	C	L	A	O	F	J	P	V	Y	D	U	I	P	V	E
G	V	E	G	H	E	X	Y	E	X	J	H	W	P	L	H	V	Y	A

GUT GEMACHT
ZUSAMMEN INS KINO GEHEN
ANERKENNUNG
SEELENTANKSTELLE
SICH GUT KENNEN
WOHLWOLLEN
GEMEINSAM LACHEN KOENNEN
RATGEBEND
IN ERINNERUNGEN SCHWELGEN
LICHTBLICK

Lösung

P	F	B	E	W	E	M	U	Y	U	K	W	Q	S	N	E	Z	I	K
T	S	U	G	N	F	B	K	T	S	O	M	C	U	A	I	P	P	U
G	X	L	E	X	U	L	I	C	H	T	B	L	I	C	K	V	C	S
N	K	G	I	Z	U	S	A	M	M	E	N	G	E	M	A	C	H	T
I	E	F	Y	N	L	J	G	B	E	E	E	S	J	B	O	T	A	K
T	N	Q	Z	E	Y	Z	W	S	Y	H	W	C	W	S	D	N	K	S
T	N	Q	I	G	Y	M	E	G	E	T	I	H	O	D	P	E	J	O
X	E	J	B	N	P	C	X	N	V	O	P	W	H	G	K	N	R	I
H	N	D	G	U	S	D	I	J	N	S	H	E	L	N	P	N	W	V
C	F	N	E	R	E	N	C	E	C	M	T	L	W	I	X	E	G	X
I	K	E	M	E	E	B	E	A	S	M	C	G	O	O	T	O	S	B
S	L	B	E	N	L	O	D	F	L	A	J	E	L	F	P	K	G	Y
S	A	E	I	N	E	T	L	L	I	I	U	N	L	L	X	N	Y	M
N	C	G	N	I	N	E	P	B	C	J	Z	T	E	N	U	L	M	Y
I	H	T	S	R	T	X	P	F	V	Z	Q	U	N	N	F	U	T	S
O	E	A	A	E	A	T	E	S	M	H	F	G	N	J	T	Q	A	G
S	N	R	M	K	N	J	N	K	W	X	S	E	S	J	Z	M	Q	U
O	I	F	A	F	K	E	G	H	E	D	K	Q	V	C	R	S	A	T
O	E	K	E	Z	S	K	D	T	R	R	F	D	W	F	F	P	V	E
X	E	I	H	Y	T	Y	T	I	E	K	H	V	H	T	B	V	N	W
O	W	N	R	J	E	L	O	N	T	B	R	L	X	J	C	A	O	I
B	X	O	K	N	L	W	A	F	S	I	L	I	B	J	J	C	U	H
F	S	B	N	C	L	A	O	F	J	P	V	Y	D	U	I	P	V	E
G	V	E	G	H	E	X	Y	E	X	J	H	W	P	L	H	V	Y	A

U	R	O	S	B	T	V	N	A	E	F	I	P	T	R	S	B	J	G
E	M	V	W	G	B	L	Z	Y	K	S	E	U	B	L	V	L	C	R
D	X	Z	L	J	Z	J	F	L	I	E	B	E	N	S	W	E	R	T
S	Y	A	Z	N	O	S	U	R	X	D	S	E	Z	L	V	U	Z	T
N	B	K	R	F	S	S	Q	E	E	P	O	X	V	G	B	N	W	U
E	U	O	M	I	D	N	H	E	S	U	U	L	J	I	U	D	I	F
M	R	X	D	T	D	Z	J	E	Q	W	D	L	B	E	B	Y	I	W
R	P	T	H	E	G	E	M	E	I	N	S	A	M	Q	D	N	W	V
A	X	V	C	I	Q	L	E	E	P	P	P	T	F	A	O	X	O	B
M	D	F	R	L	V	V	G	N	A	H	H	D	N	V	L	T	E	P
U	R	V	Z	E	E	S	G	B	C	V	Q	L	R	V	C	S	S	A
O	T	R	K	N	A	A	X	C	R	H	M	B	O	G	U	H	X	Y
T	T	Y	N	O	J	P	F	W	A	B	I	P	X	C	B	K	S	R
V	F	U	H	T	L	W	J	T	W	J	C	E	H	Z	X	J	X	J
Y	Q	C	D	A	E	J	I	L	H	G	I	T	L	A	C	H	E	N
Y	I	I	C	I	I	T	U	M	C	H	O	X	A	Y	E	X	N	D
S	E	H	N	C	E	Q	C	O	M	X	C	F	B	H	Y	J	G	Z
L	E	T	W	W	K	I	A	E	I	F	Y	I	G	L	I	E	B	E
N	P	J	E	U	O	S	W	G	E	U	O	J	S	W	Z	J	T	N
Y	K	P	I	A	M	T	K	E	S	S	N	E	D	R	E	W	T	Q
B	T	K	N	R	I	P	S	N	U	J	N	H	T	A	I	O	F	D
U	T	L	E	M	T	F	M	Z	J	E	Y	K	E	F	S	J	N	Z
G	O	N	N	C	M	I	N	Y	I	V	J	Z	I	K	Q	U	X	J
X	C	F	S	B	M	Z	A	G	J	X	W	M	I	Z	Y	R	W	W

TEILEN
SICH UMARMEN
FREUD UND LEID
BESUCHT WERDEN
GEMEINSAM LACHEN

LACHEN UND WEINEN
WEINT MIT DIR
SICH MOEGEN
LIEBENSWERT
LIEBE

Lösung

U	R	O	S	B	T	V	N	A	E	F	I	P	T	R	S	B	J	G
E	M	V	W	G	B	L	Z	Y	K	S	E	U	B	L	V	L	C	R
D	X	Z	L	J	Z	J	F	L	I	E	B	E	N	S	W	E	R	T
S	Y	A	Z	N	O	S	U	R	X	D	S	E	Z	L	V	U	Z	T
N	B	K	R	F	S	S	Q	E	E	P	O	X	V	G	B	N	W	U
E	U	O	M	I	D	N	H	E	S	U	U	L	J	I	U	D	I	F
M	R	X	D	T	D	Z	J	E	Q	W	D	L	B	E	B	Y	I	W
R	P	T	H	E	G	E	M	E	I	N	S	A	M	Q	D	N	W	V
A	X	V	C	I	Q	L	E	E	P	P	P	T	F	A	O	X	O	B
M	D	F	R	L	V	V	G	N	A	H	H	D	N	V	L	T	E	P
U	R	V	Z	E	E	S	G	B	C	V	Q	L	R	V	C	S	S	A
O	T	R	K	N	A	A	X	C	R	H	M	B	O	G	U	H	X	Y
T	T	Y	N	O	J	P	F	W	A	B	I	P	X	C	B	K	S	R
V	F	U	H	T	L	W	J	T	W	J	C	E	H	Z	X	J	X	J
Y	Q	C	D	A	E	J	I	L	H	G	I	T	L	A	C	H	E	N
Y	I	I	C	I	I	T	U	M	C	H	O	X	A	Y	E	X	N	D
S	E	H	N	C	E	Q	C	O	M	X	C	F	B	H	Y	J	G	Z
L	E	T	W	W	K	I	A	E	I	F	Y	I	G	L	I	E	B	E
N	P	J	E	U	O	S	W	G	E	U	O	J	S	W	Z	J	T	N
Y	K	P	I	A	M	T	K	E	S	S	N	E	D	R	E	W	T	Q
B	T	K	N	R	I	P	S	N	U	J	N	H	T	A	I	O	F	D
U	T	L	E	M	T	F	M	Z	J	E	Y	K	E	F	S	J	N	Z
G	O	N	N	C	M	I	N	Y	I	V	J	Z	I	K	Q	U	X	J
X	C	F	S	B	M	Z	A	G	J	X	W	M	I	Z	Y	R	W	W

W	V	C	X	H	Z	B	U	J	J	G	S	A	F	Y	U	X	H	O
A	H	R	S	Z	F	O	R	N	V	H	A	K	Y	T	D	V	C	T
Y	C	E	T	U	S	U	C	F	C	U	V	Z	H	K	P	G	Z	U
J	I	D	Y	H	F	E	J	D	F	D	I	C	Q	O	W	U	T	T
D	U	A	N	O	L	F	I	J	F	L	W	G	F	F	E	F	J	X
Y	X	H	N	E	D	E	R	T	J	P	U	E	U	B	L	W	Q	N
A	W	C	M	R	D	H	W	J	R	F	G	R	E	M	T	S	T	W
P	E	L	A	E	U	T	A	S	A	A	L	R	A	D	Z	E	Z	K
O	R	K	D	N	C	I	E	U	K	V	P	A	N	A	O	S	F	D
A	G	V	L	L	E	L	R	I	W	F	F	C	X	N	D	F	K	A
Y	E	F	E	B	L	Z	S	E	I	N	S	J	T	K	Y	G	L	Q
V	B	H	C	A	H	B	O	N	E	H	M	H	A	E	B	U	G	E
G	E	V	E	R	T	R	A	U	T	H	E	I	T	M	G	Z	X	T
X	N	X	X	J	K	M	F	U	L	R	C	I	N	P	S	N	S	N
N	H	S	A	H	X	T	T	V	O	G	C	M	H	F	F	E	M	N
Y	E	Q	S	G	F	O	X	R	Z	Y	F	C	U	I	X	M	K	A
G	I	L	T	N	C	C	B	Y	T	W	I	I	K	N	O	G	Z	K
F	T	J	W	U	Q	X	E	U	X	S	E	Q	R	D	I	O	V	E
R	O	K	G	A	T	D	X	V	K	F	D	I	C	U	H	Q	K	B
A	H	R	R	G	B	U	W	Y	A	D	O	I	L	N	R	B	G	S
D	J	E	I	N	I	G	K	E	I	T	I	J	R	G	T	S	X	Q
R	K	F	V	E	E	F	T	M	A	C	T	L	K	L	T	Q	A	K
R	M	D	R	K	T	D	F	M	G	H	Q	N	L	B	W	W	G	G
R	W	Q	I	B	V	T	C	K	X	B	L	M	F	U	S	I	P	J

PARTIES
BEKANNTE
VERTRAUTHEIT
DANKEMPFINDUNG
BEI DIR DARF ICH ICH SEIN

UEBER ALLES REDEN
ERGEBENHEIT
ZUHOEREN
EINIGKEIT
WIR ZWEI

Lösung

W	V	C	X	H	Z	B	U	J	J	G	S	A	F	Y	U	X	H	O
A	H	R	S	Z	F	O	R	N	V	H	A	K	Y	T	D	V	C	T
Y	C	E	T	U	S	U	C	F	C	U	V	Z	H	K	P	G	Z	U
J	I	D	Y	H	F	E	J	D	F	D	I	C	Q	O	W	U	T	T
D	U	A	N	O	L	F	I	J	F	L	W	G	F	F	E	F	J	X
Y	X	H	N	E	D	E	R	T	J	P	U	E	U	B	L	W	Q	N
A	W	C	M	R	D	H	W	J	R	F	G	R	E	M	T	S	T	W
P	E	L	A	E	U	T	A	S	A	A	L	R	A	D	Z	E	Z	K
O	R	K	D	N	C	I	E	U	K	V	P	A	N	A	O	S	F	D
A	G	V	L	L	E	L	R	I	W	F	F	C	X	N	D	F	K	A
Y	E	F	E	B	L	Z	S	E	I	N	S	J	T	K	Y	G	L	Q
V	B	H	C	A	H	B	O	N	E	H	M	H	A	E	B	U	G	E
G	E	V	E	R	T	R	A	U	T	H	E	I	T	M	G	Z	X	T
X	N	X	X	J	K	M	F	U	L	R	C	I	N	P	S	N	S	N
N	H	S	A	H	X	T	T	V	O	G	C	M	H	F	F	E	M	N
Y	E	Q	S	G	F	O	X	R	Z	Y	F	C	U	I	X	M	K	A
G	I	L	T	N	C	C	B	Y	T	W	I	I	K	N	O	G	Z	K
F	T	J	W	U	Q	X	E	U	X	S	E	Q	R	D	I	O	V	E
R	O	K	G	A	T	D	X	V	K	F	D	I	C	U	H	Q	K	B
A	H	R	R	G	B	U	W	Y	A	D	O	I	L	N	R	B	G	S
D	J	E	I	N	I	G	K	E	I	T	I	J	R	G	T	S	X	Q
R	K	F	V	E	E	F	T	M	A	C	T	L	K	L	T	Q	A	K
R	M	D	R	K	T	D	F	M	G	H	Q	N	L	B	W	W	G	G
R	W	Q	I	B	V	T	C	K	X	B	L	M	F	U	S	I	P	J

U	S	D	G	K	H	V	X	O	Y	V	R	A	T	L	R	Q	B	E
D	M	E	C	G	S	K	P	P	I	L	L	H	V	N	A	Z	O	Z
O	R	N	I	T	B	B	S	I	B	Q	C	O	Q	A	V	Y	R	W
S	X	B	A	N	D	D	Q	Y	G	E	N	O	Q	I	H	P	U	O
F	H	R	F	V	E	E	Q	Z	L	S	I	T	V	G	M	P	G	D
B	K	H	J	Z	Y	N	N	H	N	I	Z	E	Y	Z	L	Z	K	V
E	G	N	N	T	I	E	C	K	W	P	O	A	U	I	J	D	E	O
H	M	L	I	E	E	S	A	M	T	P	G	T	V	K	K	R	R	K
R	W	H	K	E	V	A	Q	V	W	E	R	I	J	K	B	V	Z	B
S	F	F	O	T	I	G	T	L	M	V	D	R	Z	U	H	Q	M	F
T	M	X	L	D	F	R	R	E	E	V	K	A	N	L	Q	C	Y	N
V	C	D	D	T	J	B	I	R	I	R	N	D	F	W	Y	O	I	Y
D	T	P	O	Q	P	N	S	Q	E	P	E	I	E	G	O	O	R	S
K	D	B	V	G	S	P	O	D	F	N	H	L	P	G	D	O	I	B
B	D	M	B	C	R	Y	N	M	E	H	C	O	W	A	C	H	B	H
L	T	A	H	E	V	A	M	G	U	U	S	S	V	J	H	O	B	G
Z	I	A	C	O	N	T	A	G	O	G	E	J	A	W	H	X	F	Z
X	F	H	J	I	H	R	R	G	P	W	G	Q	A	L	F	T	P	B
T	E	Q	E	C	T	O	U	I	I	C	H	A	L	T	E	N	D	I
N	G	T	I	R	U	N	T	E	R	N	E	H	M	U	N	G	E	N
C	I	N	E	P	B	D	Z	B	H	S	T	A	R	K	U	F	Z	U
M	Z	V	T	N	E	G	I	D	I	E	T	R	E	V	W	N	M	D
H	V	I	T	U	U	P	U	E	B	E	R	E	M	W	E	R	P	M
J	Y	U	L	C	S	V	L	U	P	O	H	X	R	L	U	Y	X	T

5

VERTEIDIGEN
STARK MITEINANDER VERBUNDEN
SICH VERTRAGEN
VERSPRECHEN HALTEN
UNTERNEHMUNGEN
EIN GESCHENK
STARKE GEMEINSCHAFT
SOLIDARITAET
DENKT NICHT SCHLECHT UEBER EINEN
PIETAET

Lösung

U	S	D	G	K	H	V	X	O	Y	V	R	A	T	L	R	Q	B	E
D	M	E	C	G	S	K	P	P	I	L	L	H	V	N	A	Z	O	Z
O	R	N	I	T	B	B	S	I	B	Q	C	O	Q	A	V	Y	R	W
S	X	B	A	N	D	D	Q	Y	G	E	N	O	Q	I	H	P	U	O
F	H	R	F	V	E	E	Q	Z	L	S	I	T	V	G	M	P	G	D
B	K	H	J	Z	Y	N	N	H	N	I	Z	E	Y	Z	L	Z	K	V
E	G	N	N	T	I	E	C	K	W	P	O	A	U	I	J	D	E	O
H	M	L	I	E	E	S	A	M	T	P	G	T	V	K	K	R	R	K
R	W	H	K	E	V	A	Q	V	W	E	R	I	J	K	B	V	Z	B
S	F	F	O	T	I	G	T	L	M	V	D	R	Z	U	H	Q	M	F
T	M	X	L	D	F	R	R	E	E	V	K	A	N	L	Q	C	Y	N
V	C	D	D	T	J	B	I	R	I	R	N	D	F	W	Y	O	I	Y
D	T	P	O	Q	P	N	S	Q	E	P	E	I	E	G	O	O	R	S
K	D	B	V	G	S	P	O	D	F	N	H	L	P	G	D	O	I	B
B	D	M	B	C	R	Y	N	M	E	H	C	O	W	A	C	H	B	H
L	T	A	H	E	V	A	M	G	U	U	S	S	V	J	H	O	B	G
Z	I	A	C	O	N	T	A	G	O	G	E	J	A	W	H	X	F	Z
X	F	H	J	I	H	R	R	G	P	W	G	Q	A	L	F	T	P	B
T	E	Q	E	C	T	O	U	I	I	C	H	A	L	T	E	N	D	I
N	G	T	I	R	U	N	T	E	R	N	E	H	M	U	N	G	E	N
C	I	N	E	P	B	D	Z	B	H	S	T	A	R	K	U	F	Z	U
M	Z	V	T	N	E	G	I	D	I	E	T	R	E	V	W	N	M	D
H	V	I	T	U	U	P	U	E	B	E	R	E	M	W	E	R	P	M
J	Y	U	L	C	S	V	L	U	P	O	H	X	R	L	U	Y	X	T

G	S	H	S	T	A	W	U	N	D	E	R	V	O	L	L	E	M	D
W	D	L	C	A	B	K	U	E	B	X	G	J	V	A	V	I	G	B
L	R	U	H	Y	T	S	L	O	H	L	C	U	F	V	R	Y	E	Z
K	Q	E	M	H	G	N	V	G	T	A	Y	S	F	H	D	P	F	R
A	B	R	I	T	M	P	L	M	M	H	T	X	A	S	L	U	U	Z
U	A	T	E	R	L	C	U	I	C	E	Z	B	N	A	G	I	E	V
S	S	I	D	S	A	Y	N	J	W	W	E	Y	E	E	G	J	H	V
F	A	K	E	B	C	U	X	T	V	N	Y	N	M	L	Z	W	L	F
X	O	D	N	Y	Y	H	S	N	T	N	E	E	H	O	X	P	E	E
A	V	S	Y	Y	O	W	V	M	U	Y	I	D	E	Q	U	G	M	J
Z	V	K	A	G	I	V	I	X	Z	N	J	A	N	I	D	Z	E	E
R	S	L	N	C	Q	U	J	L	S	A	Q	R	K	T	P	M	R	V
G	T	R	S	F	A	K	R	A	Z	B	F	E	H	C	J	G	W	X
Y	A	W	A	U	N	T	M	U	G	T	I	M	W	V	A	A	Q	I
N	X	W	U	B	T	U	L	Q	J	H	N	A	R	U	B	X	K	Y
N	E	N	A	N	B	C	R	C	C	C	P	K	U	B	E	J	X	N
Z	B	B	Z	E	D	M	G	L	C	A	B	F	E	T	S	X	J	G
P	D	X	E	U	R	S	Y	U	B	R	N	G	C	I	T	D	E	V
R	U	W	G	G	P	M	V	E	R	T	Y	Z	K	T	E	J	A	K
Q	K	N	T	B	I	N	E	S	F	N	X	H	S	P	I	C	A	O
Y	N	N	E	M	H	E	N	N	D	I	F	P	I	L	G	S	Q	Z
B	T	M	A	T	M	D	F	M	F	E	K	P	C	B	U	W	Y	Z
F	W	I	R	G	N	U	H	E	I	Z	E	B	H	A	U	I	K	M
H	A	L	N	X	P	D	G	X	O	L	C	N	T	D	V	P	Y	J

6

EINTRACHT

RUECKSICHT NEHMEN

WUNDERVOLLE BEZIEHUNG

GEMEINSAM PLAENE SCHMIEDEN

DU HOLST DAS BESTE AUS MIR RAUS

GEBEN UND NEHMEN

WIR GEFUEHL HABEN

KAMERAD

WAERME

TREU

Lösung

G	S	H	S	T	A	W	U	N	D	E	R	V	O	L	L	E	M	D
W	D	L	C	A	B	K	U	E	B	X	G	J	V	A	V	I	G	B
L	R	U	H	Y	T	S	L	O	H	L	C	U	F	V	R	Y	E	Z
K	Q	E	M	H	G	N	V	G	T	A	Y	S	F	H	D	P	F	R
A	B	R	I	T	M	P	L	M	M	H	T	X	A	S	L	U	U	Z
U	A	T	E	R	L	C	U	I	C	E	Z	B	N	A	G	I	E	V
S	S	I	D	S	A	Y	N	J	W	W	E	Y	E	E	G	J	H	V
F	A	K	E	B	C	U	X	T	V	N	Y	N	M	L	Z	W	L	F
X	O	D	N	Y	Y	H	S	N	T	N	E	E	H	O	X	P	E	E
A	V	S	Y	Y	O	W	V	M	U	Y	I	D	E	Q	U	G	M	J
Z	V	K	A	G	I	V	I	X	Z	N	J	A	N	I	D	Z	E	E
R	S	L	N	C	Q	U	J	L	S	A	Q	R	K	T	P	M	R	V
G	T	R	S	F	A	K	R	A	Z	B	F	E	H	C	J	G	W	X
Y	A	W	A	U	N	T	M	U	G	T	I	M	W	V	A	A	Q	I
N	X	W	U	B	T	U	L	Q	J	H	N	A	R	U	B	X	K	Y
N	E	N	A	N	B	C	R	C	C	C	P	K	U	B	E	J	X	N
Z	B	B	Z	E	D	M	G	L	C	A	B	F	E	T	S	X	J	G
P	D	X	E	U	R	S	Y	U	B	R	N	G	C	I	T	D	E	V
R	U	W	G	G	P	M	V	E	R	T	Y	Z	K	T	E	J	A	K
Q	K	N	T	B	I	N	E	S	F	N	X	H	S	P	I	C	A	O
Y	N	N	E	M	H	E	N	N	D	I	F	P	I	L	G	S	Q	Z
B	T	M	A	T	M	D	F	M	F	E	K	P	C	B	U	W	Y	Z
F	W	I	R	G	N	U	H	E	I	Z	E	B	H	A	U	I	K	M
H	A	L	N	X	P	D	G	X	O	L	C	N	T	D	V	P	Y	J

I	L	K	K	W	B	R	O	P	N	Z	E	J	Q	W	P	J	J	J
N	E	X	E	G	U	G	T	G	R	D	T	W	H	J	I	F	T	H
W	G	R	X	M	F	I	X	N	R	E	W	N	X	L	F	K	P	A
O	I	Z	Q	N	A	Y	H	A	C	T	D	O	R	J	B	A	A	R
C	Y	Q	A	E	L	R	V	V	O	M	S	N	K	E	B	H	I	M
E	R	Y	X	T	Q	L	U	C	H	V	I	Q	A	E	I	P	V	O
Q	H	H	U	L	O	V	Y	X	O	C	C	E	A	N	S	E	M	N
V	E	J	N	A	E	Q	I	J	E	S	H	N	I	D	I	E	F	I
P	R	H	V	H	S	O	E	K	C	E	S	X	M	N	A	E	I	E
E	Z	G	Q	N	W	R	W	L	D	L	L	J	V	Y	E	U	G	N
N	S	M	E	E	X	G	B	U	M	L	Q	R	C	F	E	N	C	V
I	T	E	E	M	K	B	D	M	Q	B	F	F	T	P	U	E	F	H
E	U	Z	L	M	Q	Y	H	C	F	X	U	B	K	R	A	J	O	T
N	E	M	W	A	V	U	Y	R	W	O	R	T	E	S	A	X	H	N
Z	C	Z	N	S	B	U	R	F	Z	C	H	H	N	E	N	G	E	I
U	K	N	L	U	O	X	O	K	J	G	C	E	M	W	M	M	Z	C
T	D	K	D	Z	W	N	E	S	S	I	M	R	E	V	M	V	W	A
E	N	H	O	M	U	C	O	G	E	R	B	U	S	A	V	B	I	Z
S	T	U	E	T	Z	E	O	R	C	V	E	R	S	T	E	H	E	N
G	N	F	A	H	P	F	E	I	F	N	K	U	O	Y	T	B	O	U
X	D	K	Q	V	G	B	U	H	R	A	Z	H	Z	H	B	S	U	E
V	I	U	T	Z	H	U	Q	M	V	A	F	Y	L	C	R	N	S	K
B	B	R	V	E	R	T	R	A	U	E	N	O	V	I	B	K	Y	Y
D	N	E	Z	T	E	U	T	S	R	E	T	N	U	S	A	I	H	S

7

HERZSTUECK

EINANDER EINE STUETZE SEIN

SICH VERMISSEN

EINE BEREICHERUNG

ZUSAMMENHALTEN

UNTERSTUETZEND

ZUSAMMEN FEIERN

VERTRAUEN

SICH AUCH OHNE WORTE VERSTEHEN

HARMONIE

Lösung

I L K K W B R O P N Z E J Q W P J J J
N E X E G U G T G R D T W H J I F T H
W G R X M F I X N R E W N X L F K P A
O I Z Q N A Y H A C T D O R J B A A R
C Y Q A E L R V V O M S N K E B H I M
E R Y X T Q L U C H V I Q A E I P V O
Q H H U L O V Y X O C C E A N S E M N
V E J N A E Q I J E S H N I D I E F I
P R H V H S O E K C E S X M N A E I E
E Z G Q N W R W L D L L J V Y E U G N
N S M E E X G B U M L Q R C F E N C V
I T E E M K B D M Q B F F T P U E F H
E U Z L M Q Y H C F X U B K R A J O T
N E M W A V U Y R W O R T E S A X H N
Z C Z N S B U R F Z C H H N E N G E I
U K N L U O X O K J G C E M W M M Z C
T D K D Z W N E S S I M R E V M V W A
E N H O M U C O G E R B U S A V B I Z
S T U E T Z E O R C V E R S T E H E N
G N F A H P F E I F N K U O Y T B O U
X D K Q V G B U H R A Z H Z H B S U E
V I U T Z H U Q M V A F Y L C R N S K
B B R V E R T R A U E N O V I B K Y Y
D N E Z T E U T S R E T N U S A I H S

U	C	H	N	U	L	P	P	Y	B	T	A	H	M	S	E	X	E	B
Y	X	K	Y	O	B	C	A	J	X	S	I	G	E	F	I	S	D	X
E	V	G	U	P	Z	T	O	N	C	E	Q	I	F	F	K	X	E	Y
C	L	Z	K	W	Q	Z	R	S	X	Q	N	Q	Z	H	I	K	D	R
U	T	N	F	A	P	J	K	N	Y	K	L	M	P	W	O	N	H	Q
T	I	E	K	H	C	I	L	T	E	U	M	E	G	F	G	I	X	N
Q	Z	B	G	V	E	O	U	L	G	X	L	Z	F	N	M	C	U	E
V	E	S	X	D	F	P	T	G	G	L	T	L	U	N	A	H	E	I
G	I	M	H	O	N	Q	F	K	B	D	Z	D	E	E	S	T	H	D
V	T	E	S	S	I	N	M	I	E	H	E	G	R	H	M	N	R	I
L	C	N	I	E	H	C	S	N	E	N	N	O	S	M	I	E	L	S
F	U	E	R	M	F	C	E	Q	S	L	V	J	V	E	E	R	I	C
L	S	O	F	W	I	H	I	N	H	V	T	P	B	N	M	E	C	H
M	E	Q	F	G	K	B	F	S	I	M	F	O	S	C	E	I	H	H
E	G	I	T	I	E	S	N	E	G	E	G	X	R	O	G	T	K	V
F	M	O	L	Y	P	G	Z	H	C	I	S	H	E	U	Y	P	E	E
N	I	Q	C	G	V	E	Y	O	G	W	W	S	B	K	R	E	I	R
G	L	F	C	L	K	L	I	T	F	Y	F	X	C	O	T	Z	T	B
A	U	A	S	T	A	U	F	E	I	N	A	N	D	E	R	K	K	R
X	K	J	I	V	F	R	E	I	H	E	I	T	E	N	P	A	R	I
T	J	E	R	Y	L	B	M	T	W	O	U	R	Q	A	Z	X	J	N
H	Z	Y	B	G	W	M	C	D	R	U	G	X	K	P	Q	R	H	G
G	X	Q	F	U	E	D	Q	U	N	N	G	T	X	V	B	S	Q	E
Z	S	H	I	R	D	B	X	N	E	T	L	A	H	E	B	K	R	N

8

SICH ZEIT NEHMEN

GEMEIMSAM ZEIT VERBRINGEN

GEHEIMNISSE FUER SICH BEHALTEN

NICHT AUFEINANDER NEIDISCH SEIN

GEGENSEITIGE FREIHEITEN AKZEPTIEREN

GEMUETLICHKEIT

SONNENSCHEIN

EHRLICHKEIT

FUER IMMER

PAKT

Lösung

U C H N U L P P Y B T A H M S E X E B

Y X K Y O B C A J X S I G E F I S D X

E V G U P Z T O N C E Q I F F K X E Y

C L Z K W Q Z R S X Q N Q Z H I K D R

U T N F A P J K N Y K L M P W O N H Q

T I E K H C I L T E U M E G F G I X N

Q Z B G V E O U L G X L Z F N M C U E

V E S X D F P T G G L T L U N A H E I

G I M H O N Q F K B D Z D E E S T H D

V T E S S I N M I E H E G R H M N R I

L C N I E H C S N E N N O S M I E L S

F U E R M F C E Q S L V J V E E R I C

L S O F W I H I N H V T P B N M E C H

M E Q F G K B F S I M F O S C E I H H

E G I T I E S N E G E G X R O G T K V

F M O L Y P G Z H C I S H E U Y P E E

N I Q C G V E Y O G W W S B K R E I R

G L F C L K L I T F Y F X C O T Z T B

A U A S T A U F E I N A N D E R K K R

X K J I V F R E I H E I T E N P A R I

T J E R Y L B M T W O U R Q A Z X J N

H Z Y B G W M C D R U G X K P Q R H G

G X Q F U E D Q U N N G T X V B S Q E

Z S H I R D B X N E T L A H E B K R N

D	I	E	N	E	T	L	A	H	N	E	M	M	A	S	U	Z	V	F
B	I	S	H	O	G	L	H	U	H	V	W	S	P	O	R	T	R	C
Q	I	B	R	C	T	O	M	Y	J	A	E	J	X	K	A	E	A	W
R	E	D	N	A	N	I	E	R	E	U	F	M	X	M	U	S	N	Y
P	A	X	U	G	L	O	D	Q	Z	P	O	S	Q	N	Y	H	D	X
I	L	M	F	D	G	R	N	M	U	R	S	V	D	F	O	Z	E	Z
B	Q	I	W	N	F	V	Q	E	F	L	X	I	G	R	A	Y	R	U
F	G	C	P	F	S	E	S	F	Z	Y	N	K	P	E	X	E	E	J
V	I	J	Y	C	O	P	U	S	R	T	X	N	L	U	E	V	N	E
H	T	S	K	F	Y	O	M	E	L	S	E	J	P	N	F	M	W	N
M	M	O	M	E	N	T	N	O	M	Q	E	A	B	D	A	E	X	E
A	R	C	T	N	V	K	E	B	E	F	C	S	H	S	C	T	O	H
C	S	N	O	M	Q	N	M	P	P	G	I	E	N	C	T	M	J	C
K	E	E	F	D	Z	H	A	F	J	A	E	I	Q	H	S	W	I	A
E	I	H	Z	I	J	K	S	S	B	X	E	N	H	A	J	E	M	L
N	U	C	K	T	E	S	N	P	L	M	E	U	I	F	B	Y	F	A
N	M	A	F	S	I	D	I	B	E	U	G	C	Y	T	N	L	T	V
A	F	M	Y	E	L	N	E	G	O	Z	N	E	K	S	Q	E	M	J
D	A	N	K	B	Z	E	M	S	Q	N	G	H	B	D	E	V	E	R
X	L	B	D	L	U	I	E	E	K	Z	P	Q	F	I	O	A	J	E
N	L	T	F	C	M	R	G	M	D	X	E	X	S	E	O	N	T	J
P	E	O	F	E	V	F	L	N	K	N	D	E	S	N	S	Y	Z	V
R	N	J	Z	Y	D	Y	E	Q	U	L	U	M	L	S	Z	Y	S	Q
A	D	T	L	Z	F	D	Y	G	X	W	V	J	R	T	N	I	T	K

9

DANK — DEN GEMEINSAMEN MOMENT SCHAETZEN
FREUNDIN — DIE MACKEN DES ANDEREN MOEGEN
BEST FRIENDS EVER — GEMEINSAM SPORT MACHEN
FREUNDSCHAFTSDIENST — FUEREINANDER DA SEIN
LACHEN BIS ZUM UMFALLEN — ZUSAMMENHALTEN

Lösung

D	I	E	N	E	T	L	A	H	N	E	M	M	A	S	U	Z	V	F
B	I	S	H	O	G	L	H	U	H	V	W	S	P	O	R	T	R	C
Q	I	B	R	C	T	O	M	Y	J	A	E	J	X	K	A	E	A	W
R	E	D	N	A	N	I	E	R	E	U	F	M	X	M	U	S	N	Y
P	A	X	U	G	L	O	D	Q	Z	P	O	S	Q	N	Y	H	D	X
I	L	M	F	D	G	R	N	M	U	R	S	V	D	F	O	Z	E	Z
B	Q	I	W	N	F	V	Q	E	F	L	X	I	G	R	A	Y	R	U
F	G	C	P	F	S	E	S	F	Z	Y	N	K	P	E	X	E	E	J
V	I	J	Y	C	O	P	U	S	R	T	X	N	L	U	E	V	N	E
H	T	S	K	F	Y	O	M	E	L	S	E	J	P	N	F	M	W	N
M	M	O	M	E	N	T	N	O	M	Q	E	A	B	D	A	E	X	E
A	R	C	T	N	V	K	E	B	E	F	C	S	H	S	C	T	O	H
C	S	N	O	M	Q	N	M	P	P	G	I	E	N	C	T	M	J	C
K	E	E	F	D	Z	H	A	F	J	A	E	I	Q	H	S	W	I	A
E	I	H	Z	I	J	K	S	S	B	X	E	N	H	A	J	E	M	L
N	U	C	K	T	E	S	N	P	L	M	E	U	I	F	B	Y	F	A
N	M	A	F	S	I	D	I	B	E	U	G	C	Y	T	N	L	T	V
A	F	M	Y	E	L	N	E	G	O	Z	N	E	K	S	Q	E	M	J
D	A	N	K	B	Z	E	M	S	Q	N	G	H	B	D	E	V	E	R
X	L	B	D	L	U	I	E	E	K	Z	P	Q	F	I	O	A	J	E
N	L	T	F	C	M	R	G	M	D	X	E	X	S	E	O	N	T	J
P	E	O	F	E	V	F	L	N	K	N	D	E	S	N	S	Y	Z	V
R	N	J	Z	Y	D	Y	E	Q	U	L	U	M	L	S	Z	Y	S	Q
A	D	T	L	Z	F	D	Y	G	X	W	V	J	R	T	N	I	T	K

T	A	N	D	E	R	E	N	Q	K	Z	D	K	G	J	B	L	V	L
X	D	T	X	Z	O	W	S	Z	L	C	C	A	N	C	H	S	V	A
X	N	I	Y	C	J	N	R	X	U	V	C	P	Q	H	F	N	N	S
L	E	E	J	Y	K	B	Y	R	H	D	X	R	V	G	J	J	J	S
V	D	H	T	F	E	M	J	U	J	U	G	S	N	D	A	D	M	E
T	N	N	U	O	B	G	W	H	F	B	D	C	W	Q	A	E	I	N
M	E	I	Z	E	F	E	K	E	E	E	Q	L	J	P	C	T	Z	W
X	P	E	S	H	M	C	B	L	J	Q	Y	S	O	S	L	R	B	G
B	S	D	E	O	F	D	D	F	D	A	D	L	P	B	M	A	T	R
T	V	T	Y	R	H	G	U	E	T	M	Z	I	W	W	Z	L	X	M
D	U	G	A	I	L	L	N	N	U	W	B	Z	C	W	A	D	X	K
K	N	G	W	M	D	T	O	Z	X	Q	L	I	N	H	U	B	U	I
I	P	L	G	X	U	F	R	S	R	O	Z	L	A	P	F	U	U	C
H	I	P	I	L	H	R	Y	O	T	X	P	P	V	L	G	M	B	P
K	A	E	Z	L	V	M	D	S	S	A	T	D	E	C	A	J	R	V
Q	C	U	X	I	M	A	D	X	T	T	M	F	A	R	T	L	K	B
L	K	L	T	J	A	H	Y	U	A	J	U	P	M	I	N	B	O	Z
N	N	N	I	S	N	I	E	M	E	G	C	U	T	E	O	I	S	O
P	C	E	Y	V	G	J	F	U	A	X	N	T	Z	B	X	A	P	F
X	I	F	U	B	X	S	M	V	G	G	B	T	S	Z	M	S	N	B
N	E	D	E	R	S	U	A	P	E	H	E	I	Y	U	A	S	B	K
F	G	U	O	G	M	N	J	N	Z	U	Q	W	R	B	T	H	S	F
C	E	V	C	L	I	Q	U	E	T	W	V	Z	V	U	W	R	A	F
W	H	U	S	B	G	N	W	S	U	E	T	A	S	W	F	I	Q	Y

10

HELFEN
CLIQUE
EINHEIT
TUST MIR GUT
AUSREDEN LASSEN

DEN ANDEREN STUETZEN
BIN STOLZ AUF DICH
TROST SPENDEN
UMARMUNGEN
GEMEINSINN

Lösung

T	A	N	D	E	R	E	N	Q	K	Z	D	K	G	J	B	L	V	L
X	D	T	X	Z	O	W	S	Z	L	C	C	A	N	C	H	S	V	A
X	N	I	Y	C	J	N	R	X	U	V	C	P	Q	H	F	N	N	S
L	E	E	J	Y	K	B	Y	R	H	D	X	R	V	G	J	J	J	S
V	D	H	T	F	E	M	J	U	J	U	G	S	N	D	A	D	M	E
T	N	N	U	O	B	G	W	H	F	B	D	C	W	Q	A	E	I	N
M	E	I	Z	E	F	E	K	E	E	E	Q	L	J	P	C	T	Z	W
X	P	E	S	H	M	C	B	L	J	Q	Y	S	O	S	L	R	B	G
B	S	D	E	O	F	D	D	F	D	A	D	L	P	B	M	A	T	R
T	V	T	Y	R	H	G	U	E	T	M	Z	I	W	W	Z	L	X	M
D	U	G	A	I	L	L	N	N	U	W	B	Z	C	W	A	D	X	K
K	N	G	W	M	D	T	O	Z	X	Q	L	I	N	H	U	B	U	I
I	P	L	G	X	U	F	R	S	R	O	Z	L	A	P	F	U	U	C
H	I	P	I	L	H	R	Y	O	T	X	P	P	V	L	G	M	B	P
K	A	E	Z	L	V	M	D	S	S	A	T	D	E	C	A	J	R	V
Q	C	U	X	I	M	A	D	X	T	T	M	F	A	R	T	L	K	B
L	K	L	T	J	A	H	Y	U	A	J	U	P	M	I	N	B	O	Z
N	N	N	I	S	N	I	E	M	E	G	C	U	T	E	O	I	S	O
P	C	E	Y	V	G	J	F	U	A	X	N	T	Z	B	X	A	P	F
X	I	F	U	B	X	S	M	V	G	G	B	T	S	Z	M	S	N	B
N	E	D	E	R	S	U	A	P	E	H	E	I	Y	U	A	S	B	K
F	G	U	O	G	M	N	J	N	Z	U	Q	W	R	B	T	H	S	F
C	E	V	C	L	I	Q	U	E	T	W	V	Z	V	U	W	R	A	F
W	H	U	S	B	G	N	W	S	U	E	T	A	S	W	F	I	Q	Y

A	O	A	Z	N	E	L	L	I	H	C	H	Z	R	A	Y	O	H	C
Y	V	I	J	U	N	V	S	B	X	V	V	U	N	K	Y	T	W	D
G	L	X	B	N	N	C	U	X	B	E	H	Q	I	L	V	I	M	J
T	O	X	M	O	P	G	V	W	O	L	Y	I	S	R	V	E	P	Q
I	C	E	D	Y	D	X	Q	C	S	I	H	I	F	A	U	K	K	Z
E	K	H	E	L	F	E	N	K	I	W	N	D	Q	O	T	G	A	L
K	Y	W	B	G	N	J	O	J	S	R	U	X	Q	C	T	I	Y	H
G	N	N	K	K	S	I	N	S	P	C	P	P	D	H	A	D	O	N
I	T	Y	M	N	C	G	U	I	R	I	R	Y	S	S	I	N	Z	C
R	J	I	L	H	R	N	B	K	U	N	Q	C	E	N	G	E	U	T
E	L	J	E	T	Q	U	T	O	B	E	J	B	B	I	H	A	S	I
O	Z	I	W	H	M	G	W	T	K	S	H	P	I	Y	E	T	A	E
H	X	D	O	X	N	I	V	R	P	J	C	E	F	B	R	S	M	K
E	T	X	N	Y	L	E	U	G	W	M	G	W	R	K	D	E	M	G
G	K	Q	B	R	F	N	D	L	Y	V	J	H	X	Z	X	B	E	I
N	Z	R	S	D	U	U	N	N	P	Z	M	G	V	O	L	G	N	R
E	F	Q	A	P	W	Z	V	O	U	O	V	B	X	S	M	I	S	E
M	I	C	T	E	F	F	D	K	T	B	Z	E	W	S	L	O	C	O
M	Z	X	S	D	D	E	R	V	T	H	R	Y	P	W	T	H	H	H
A	U	G	E	Q	N	A	W	X	G	I	H	E	T	Z	I	L	L	E
S	E	M	W	A	L	R	M	M	T	L	E	K	V	U	U	K	U	G
U	B	E	U	P	N	C	X	S	T	F	Y	O	Q	W	I	P	S	U
Z	G	N	U	Z	T	E	U	T	S	R	E	T	N	U	G	T	S	Z
G	B	G	L	J	B	B	O	I	D	N	Z	P	V	V	M	Y	K	D

11

CHILLEN
ZUNEIGUNG
HELFEN IN DER NOT
ZUSAMMENSCHLUSS
ZUSAMMENGEHOERIGKEIT

ENGE VERBUNDENHEIT
UNTERSTUETZUNG
ZUGEHOERIGKEIT
BESTAENDIGKEIT
HERZLICH

Lösung

A	O	A	Z	N	E	L	L	I	H	C	H	Z	R	A	Y	O	H	C
Y	V	I	J	U	N	V	S	B	X	V	V	U	N	K	Y	T	W	D
G	L	X	B	N	N	C	U	X	B	E	H	Q	I	L	V	I	M	J
T	O	X	M	O	P	G	V	W	O	L	Y	I	S	R	V	E	P	Q
I	C	E	D	Y	D	X	Q	C	S	I	H	I	F	A	U	K	K	Z
E	K	H	E	L	F	E	N	K	I	W	N	D	Q	O	T	G	A	L
K	Y	W	B	G	N	J	O	J	S	R	U	X	Q	C	T	I	Y	H
G	N	N	K	K	S	I	N	S	P	C	P	P	D	H	A	D	O	N
I	T	Y	M	N	C	G	U	I	R	I	R	Y	S	S	I	N	Z	C
R	J	I	L	H	R	N	B	K	U	N	Q	C	E	N	G	E	U	T
E	L	J	E	T	Q	U	T	O	B	E	J	B	B	I	H	A	S	I
O	Z	I	W	H	M	G	W	T	K	S	H	P	I	Y	E	T	A	E
H	X	D	O	X	N	I	V	R	P	J	C	E	F	B	R	S	M	K
E	T	X	N	Y	L	E	U	G	W	M	G	W	R	K	D	E	M	G
G	K	Q	B	R	F	N	D	L	Y	V	J	H	X	Z	X	B	E	I
N	Z	R	S	D	U	U	N	N	P	Z	M	G	V	O	L	G	N	R
E	F	Q	A	P	W	Z	V	O	U	O	V	B	X	S	M	I	S	E
M	I	C	T	E	F	F	D	K	T	B	Z	E	W	S	L	O	C	O
M	Z	X	S	D	D	E	R	V	T	H	R	Y	P	W	T	H	H	H
A	U	G	E	Q	N	A	W	X	G	I	H	E	T	Z	I	L	L	E
S	E	M	W	A	L	R	M	M	T	L	E	K	V	U	U	K	U	G
U	B	E	U	P	N	C	X	S	T	F	Y	O	Q	W	I	P	S	U
Z	G	N	U	Z	T	E	U	T	S	R	E	T	N	U	G	T	S	Z
G	B	G	L	J	B	B	O	I	D	N	Z	P	V	V	M	Y	K	D

N G Y Y S T G K R A I A D N J E Y P C
Z E E M A S N I E M E G X P Y A U D P
Q C D M T W S U M C I E N K B M P K B
E G S N E H Z P T L Q H S G N N H Z L
S T T U I I C P Y A K I R N L V L K N
S J O O W W M L F Z Y F V M N M R E C
I I S A T X R S Q E T I C J W Z H Z X
N N F D I Z Z E A F A I R J F E T M I
R E O V E Z Z K B M S B I C T A P R A
E H Y B H M B A Z E V P P S L Z J B L
D C N S N D R V S J U B R P F U O G R
N A V H E W J A N S Z E R L A X E Z K
I M W Q D V X E P J V E O Z M B H P E
H Z M A N L D Y R I K N W U Y H L X Z
W N A N U Y N R C N N P M S F Y X H Y
O J T B B E C E A I I F R A D U Z L I
Q Q I M R T A N R B E X X M V C Z S S
P C R E E H V E W A U R K M L J V H U
T K D L V T I S C F B A Y E N E H E G
C N Q Q X Z O S J E I K L N S V T E T
A Q Q Y E P M E Z X D X N R W H L E L
T I E K M A S N I E M E G A U G I I Z
E F X H C T N X M P U O A P D C Q I Y
A I C Y R C F L D I S K U T I E R E N

12

DISKUTIEREN
ZUSAMMEN ESSEN GEHEN
GEMEINSAMKEIT
VERBUNDENHEIT
DEN ANDEREN VERSTEHEN
ANKERPLATZ
GEMEIMSAM URLAUB MACHEN
DANKBAR
HINDERNISSE GEMEINSAM UEBERWINDEN
FAIR

Lösung

N	G	Y	Y	S	T	G	K	R	A	I	A	D	N	J	E	Y	P	C
Z	E	E	M	A	S	N	I	E	M	E	G	X	P	Y	A	U	D	P
Q	C	D	M	T	W	S	U	M	C	I	E	N	K	B	M	P	K	B
E	G	S	N	E	H	Z	P	T	L	Q	H	S	G	N	N	H	Z	L
S	T	T	U	I	I	C	P	Y	A	K	I	R	N	L	V	L	K	N
S	J	O	O	W	W	M	L	F	Z	Y	F	V	M	N	M	R	E	C
I	I	S	A	T	X	R	S	Q	E	T	I	C	J	W	Z	H	Z	X
N	N	F	D	I	Z	Z	E	A	F	A	I	R	J	F	E	T	M	I
R	E	O	V	E	Z	Z	K	B	M	S	B	I	C	T	A	P	R	A
E	H	Y	B	H	M	B	A	Z	E	V	P	P	S	L	Z	J	B	L
D	C	N	S	N	D	R	V	S	J	U	B	R	P	F	U	O	G	R
N	A	V	H	E	W	J	A	N	S	Z	E	R	L	A	X	E	Z	K
I	M	W	Q	D	V	X	E	P	J	V	E	O	Z	M	B	H	P	E
H	Z	M	A	N	L	D	Y	R	I	K	N	W	U	Y	H	L	X	Z
W	N	A	N	U	Y	N	R	C	N	N	P	M	S	F	Y	X	H	Y
O	J	T	B	B	E	C	E	A	I	I	F	R	A	D	U	Z	L	I
Q	Q	I	M	R	T	A	N	R	B	E	X	X	M	V	C	Z	S	S
P	C	R	E	E	H	V	E	W	A	U	R	K	M	L	J	V	H	U
T	K	D	L	V	T	I	S	C	F	B	A	Y	E	N	E	H	E	G
C	N	Q	Q	X	Z	O	S	J	E	I	K	L	N	S	V	T	E	T
A	Q	Q	Y	E	P	M	E	Z	X	D	X	N	R	W	H	L	E	L
T	I	E	K	M	A	S	N	I	E	M	E	G	A	U	G	I	I	Z
E	F	X	H	C	T	N	X	M	P	U	O	A	P	D	C	Q	I	Y
A	I	C	Y	R	C	F	L	D	I	S	K	U	T	I	E	R	E	N

K	B	L	M	V	X	I	A	U	G	E	N	K	O	E	G	I	D	G
H	F	Q	A	C	C	S	C	I	E	J	N	H	H	H	E	A	D	O
H	X	A	G	G	F	G	F	H	L	Z	O	C	N	B	B	P	U	G
W	X	C	T	L	E	W	W	B	W	W	I	T	N	X	E	H	T	H
N	J	D	T	U	K	V	T	J	N	E	T	D	U	W	N	N	W	D
U	M	N	Y	W	R	E	E	B	L	H	A	X	R	E	U	F	I	O
K	F	C	D	R	R	R	F	G	I	G	R	A	W	Z	X	J	E	B
D	H	U	M	W	F	T	J	G	Y	B	I	Q	T	E	Y	K	F	M
R	N	G	B	H	G	R	Y	D	A	I	P	E	L	T	G	I	Q	S
Z	N	W	U	A	P	A	I	N	F	M	S	I	E	H	T	P	J	P
G	X	I	N	B	X	U	D	L	Z	G	N	B	P	M	X	X	U	N
J	V	R	G	E	V	Z	K	W	U	E	I	T	P	E	W	F	N	E
M	A	P	F	N	N	E	V	A	S	M	X	D	S	K	Y	O	M	S
W	A	Z	X	C	R	N	A	G	A	E	A	A	I	D	Q	U	D	S
C	I	G	V	Y	C	M	S	A	M	I	C	N	E	N	I	E	M	E
J	E	T	K	E	J	O	R	P	M	N	H	Y	O	R	F	P	E	R
P	C	N	A	G	S	Q	O	E	E	S	C	K	D	J	S	P	R	E
Y	G	S	P	A	S	S	G	R	N	A	I	X	Z	R	C	Y	L	T
D	F	B	P	D	I	E	U	R	H	M	D	L	O	V	L	R	O	N
C	W	E	O	N	E	P	W	I	A	E	T	W	D	U	M	E	S	I
K	J	W	N	V	X	B	M	F	L	Q	Z	H	H	D	Q	J	A	I
Y	O	M	G	S	C	V	M	I	T	Z	Z	N	D	B	S	W	R	H
E	F	H	F	P	R	G	O	M	T	P	E	V	B	S	E	E	O	D
L	O	A	A	N	S	P	O	R	N	E	N	D	W	H	A	H	M	U

13

BAND

SIEHT DIE WELT MIT MEINEN AUGEN

VERTRAUZEN

GEMEINSAME PROJEKTE

ANSPORNEND

ICH BIN FUER DICH DA

ZUSAMMENHALT

INSPIRATION GEBEN

GLEICHE INTERESSEN

SPASS HABEN

Lösung

K	B	L	M	V	X	I	A	U	G	E	N	K	O	E	G	I	D	G
H	F	Q	A	C	C	S	C	I	E	J	N	H	H	H	E	A	D	O
H	X	A	G	G	F	G	F	H	L	Z	O	C	N	B	B	P	U	G
W	X	C	T	L	E	W	W	B	W	W	I	T	N	X	E	H	T	H
N	J	D	T	U	K	V	T	J	N	E	T	D	U	W	N	N	W	D
U	M	N	Y	W	R	E	E	B	L	H	A	X	R	E	U	F	I	O
K	F	C	D	R	R	R	F	G	I	G	R	A	W	Z	X	J	E	B
D	H	U	M	W	F	T	J	G	Y	B	I	Q	T	E	Y	K	F	M
R	N	G	B	H	G	R	Y	D	A	I	P	E	L	T	G	I	Q	S
Z	N	W	U	A	P	A	I	N	F	M	S	I	E	H	T	P	J	P
G	X	I	N	B	X	U	D	L	Z	G	N	B	P	M	X	X	U	N
J	V	R	G	E	V	Z	K	W	U	E	I	T	P	E	W	F	N	E
M	A	P	F	N	N	E	V	A	S	M	X	D	S	K	Y	O	M	S
W	A	Z	X	C	R	N	A	G	A	E	A	A	I	D	Q	U	D	S
C	I	G	V	Y	C	M	S	A	M	I	C	N	E	N	I	E	M	E
J	E	T	K	E	J	O	R	P	M	N	H	Y	O	R	F	P	E	R
P	C	N	A	G	S	Q	O	E	E	S	C	K	D	J	S	P	R	E
Y	G	S	P	A	S	S	G	R	N	A	I	X	Z	R	C	Y	L	T
D	F	B	P	D	I	E	U	R	H	M	D	L	O	V	L	R	O	N
C	W	E	O	N	E	P	W	I	A	E	T	W	D	U	M	E	S	I
K	J	W	N	V	X	B	M	F	L	Q	Z	H	H	D	Q	J	A	I
Y	O	M	G	S	C	V	M	I	T	Z	Z	N	D	B	S	W	R	H
E	F	H	F	P	R	G	O	M	T	P	E	V	B	S	E	E	O	D
L	O	A	A	N	S	P	O	R	N	E	N	D	W	H	A	H	M	U

B I P H N I M T K Q Q Z I L W Q A W E

K Z Z T O S V E R T R A U T W N R O Q

B R S A Z U H Z A N J F S D B K R H Y

A W I Q Z X N S C H W E I G E N E F Y

H F N F U Y J D C H Q W D L S W B S N

O R D J V J A T Y Q R D C C U H A T G

B E N C V Y C L O W K O E O C F N R E

B U E P D E Q K L X I I G M H R T T I

I N A L A N B F T B N G X I E E X X M

E D T G C W O U Q A W I H K N U G T E

S S S E J W O N N J L O K C I N D T I

S C R M C R R D E B E T M L Q D P E N

F H E E I S E T C R L G L J E P S F S

S A V I K R V Q H Z E D I G V U O H A

E F U N E A A N H C M I E L A X C N M

I T X S N V G I I A I N T H A I E N E

N V Y A N N O P W F E N O K L M E U S

Z V O M E G P Z B P L M X N E Z N R T

O D P E N G M A S S V J I A N P V I Q

E S B Z F U O V J P M E M E C H S P E

V I Q Z Z S B L I M P I R Z N C J E B

E S P F R E I Z E I T G G C B E N H R

G N V M K U C J K O C C Q F Y S V Q U

W U L B H T L F Z A Y O C N B Z P M X

14

FREUND

VERTRAUT SEIN

ZU HAUSE BESUCHEN

GRENZEN RESPEKTIEREN

GEIMEINSAMES SCHWEIGEN NICHT PEINLICH

EINMALIGE FREUNDSCHAFT

GEMEINSAME HOBBIES

EINANDER KENNEN

VERSTAENDNIS

FREIZEIT

Lösung

B I P H N I M T K Q Q Z I L W Q A W E
K Z Z T O S V E R T R A U T W N R O Q
B R S A Z U H Z A N J F S D B K R H Y
A W I Q Z X N S C H W E I G E N E F Y
H F N F U Y J D C H Q W D L S W B S N
O R D J V J A T Y Q R D C C U H A T G
B E N C V Y C L O W K O E O C F N R E
B U E P D E Q K L X I I G M H R T T I
I N A L A N B F T B N G X I E E X X M
E D T G C W O U Q A W I H K N U G T E
S S S E J W O N N J L O K C I N D T I
S C R M C R R D E B E T M L Q D P E N
F H E E I S E T C R L G L J E P S F S
S A V I K R V Q H Z E D I G V U O H A
E F U N E A A N H C M I E L A X C N M
I T X S N V G I I A I N T H A I E N E
N V Y A N N O P W F E N O K L M E U S
Z V O M E G P Z B P L M X N E Z N R T
O D P E N G M A S S V J I A N P V I Q
E S B Z F U O V J P M E M E C H S P E
V I Q Z Z S B L I M P I R Z N C J E B
E S P F R E I Z E I T G G C B E N H R
G N V M K U C J K O C C Q F Y S V Q U
W U L B H T L F Z A Y O C N B Z P M X

T	L	N	E	I	X	U	K	P	I	I	V	T	J	X	V	W	Z	G
I	X	E	T	I	J	F	S	K	Z	U	E	I	N	A	N	D	E	R
E	D	B	N	E	Z	P	F	W	T	U	S	C	V	E	C	X	G	D
H	F	E	E	G	N	U	H	E	I	Z	E	B	J	F	G	F	F	N
N	R	G	M	I	W	N	D	J	R	F	J	F	U	I	Z	S	U	X
E	N	R	O	J	J	F	O	U	V	D	U	S	V	T	U	T	B	A
G	E	E	M	B	R	D	E	E	A	A	V	P	C	U	J	V	E	D
E	N	V	S	A	S	O	A	O	Z	Q	Z	N	A	H	D	O	E	I
L	N	I	K	A	B	X	R	E	Z	U	N	S	I	S	G	R	D	C
E	E	R	C	C	K	E	X	L	T	L	M	E	L	U	S	C	U	H
G	O	H	E	W	N	A	N	R	K	E	H	G	T	F	X	T	I	H
N	K	M	U	D	O	E	D	T	E	P	T	K	R	L	U	F	I	T
A	N	I	L	A	N	L	U	B	E	S	U	F	T	V	A	I	W	E
S	E	T	G	Q	K	A	Y	A	Y	U	P	V	M	B	D	H	W	G
N	F	D	H	S	A	M	N	V	B	R	E	E	K	S	K	R	C	C
E	E	E	U	K	Z	S	Z	I	E	F	Z	R	K	N	T	G	D	M
Z	I	N	T	W	G	Y	E	A	E	H	U	L	K	T	G	H	D	C
R	Z	K	G	A	G	Q	I	X	J	H	A	A	H	B	D	Q	W	G
E	B	E	R	Z	M	V	G	A	Q	R	O	F	B	K	F	U	A	W
H	R	N	X	I	F	N	E	W	R	R	E	A	K	L	Y	E	M	Y
V	L	L	U	J	J	Q	N	N	H	P	G	P	J	D	Q	A	R	Z
E	L	E	D	F	U	G	Y	T	L	U	F	G	Q	K	H	J	B	V
Q	L	A	B	L	F	X	A	J	R	N	M	V	K	T	P	Q	C	T
O	K	Z	T	H	B	S	H	W	M	U	P	O	W	F	B	N	K	K

MITDENKEN
BEZIEHUNG
RESPEKT ZEIGEN
VERGEBEN KOENNEN
HERZENSANGELEGENHEIT

EINANDER AUFBAUEN
ZUEINANDER HALTEN
PASST AUF DICH AUF
GLUECKSMOMENTE
ABENTEUER

Lösung

T	L	N	E	I	X	U	K	P	I	I	V	T	J	X	V	W	Z	G
I	X	E	T	I	J	F	S	K	Z	U	E	I	N	A	N	D	E	R
E	D	B	N	E	Z	P	F	W	T	U	S	C	V	E	C	X	G	D
H	F	E	E	G	N	U	H	E	I	Z	E	B	J	F	G	F	F	N
N	R	G	M	I	W	N	D	J	R	F	J	F	U	I	Z	S	U	X
E	N	R	O	J	J	F	O	U	V	D	U	S	V	T	U	T	B	A
G	E	E	M	B	R	D	E	E	A	A	V	P	C	U	J	V	E	D
E	N	V	S	A	S	O	A	O	Z	Q	Z	N	A	H	D	O	E	I
L	N	I	K	A	B	X	R	E	Z	U	N	S	I	S	G	R	D	C
E	E	R	C	C	K	E	X	L	T	L	M	E	L	U	S	C	U	H
G	O	H	E	W	N	A	N	R	K	E	H	G	T	F	X	T	I	H
N	K	M	U	D	O	E	D	T	E	P	T	K	R	L	U	F	I	T
A	N	I	L	A	N	L	U	B	E	S	U	F	T	V	A	I	W	E
S	E	T	G	Q	K	A	Y	A	Y	U	P	V	M	B	D	H	W	G
N	F	D	H	S	A	M	N	V	B	R	E	E	K	S	K	R	C	C
E	E	E	U	K	Z	S	Z	I	E	F	Z	R	K	N	T	G	D	M
Z	I	N	T	W	G	Y	E	A	E	H	U	L	K	T	G	H	D	C
R	Z	K	G	A	G	Q	I	X	J	H	A	A	H	B	D	Q	W	G
E	B	E	R	Z	M	V	G	A	Q	R	O	F	B	K	F	U	A	W
H	R	N	X	I	F	N	E	W	R	R	E	A	K	L	Y	E	M	Y
V	L	L	U	J	J	Q	N	N	H	P	G	P	J	D	Q	A	R	Z
E	L	E	D	F	U	G	Y	T	L	U	F	G	Q	K	H	J	B	V
Q	L	A	B	L	F	X	A	J	R	N	M	V	K	T	P	Q	C	T
O	K	Z	T	H	B	S	H	W	M	U	P	O	W	F	B	N	K	K

N I E S N W L D J D Z N J T O V Q M N
F I C H N Z T O L L E L O B G N N P B
S L H G L R A F K V E Q E I B H E P O
W P A T M A S V E I G F J O H A N D E
W K A I C B R E D S D S K S R K E C I
K Z D E C K Q R J I O G L C U P R X N
F P K H I K A T J S N I V H E T I B A
K O B T I R Y R N V T T G E L X T B B
P Z E U V K M A H O M H Z N H E D V O
M E I A N D H U D J W C E K E V B M B
L K U R P O F E I C H I S E U W L O O
T R I T D J U N J Q D S U N F E L M D
A A T R V I F Z S N N H A N U M B E J
B T R E Q Y R T I A E C H D E A R N P
U S U V H H W K T V Z A U X R S G T A
W A W N I B S F N D T N Z C F N Y E D
B G W Q X K J H G N E E M C I I T I Y
H W I E C E K N A A U F I Y P E F T R
D M M E I W U O R H H R C N U M Q M H
Q Y U I C D Z M U S C E H U E E N V A
S L L C N L U O W Q S U Z I M G D F S
G K B I M V T S F Y E D J M B N A L P
D Y B C Z X I E K L B Q I G M S E L P
O J L Z G T O D A E W O K V T O C H K

16

BINDUNG
TOLLE GEMEINSAME MOMENTE
NACHSICHTIG
SEIN LEID KLAGEN DUERFEN
HAND IN HAND
ICH BIN EIN GLUECKSKIND
VERTRAUEN SCHENKEN
STARKE VERTRAUTHEIT
BEI DIR FUEHLE ICH MICH WIE ZUHAUSE
BESCHUETZEN

Lösung

N	I	E	S	N	W	L	D	J	D	Z	N	J	T	O	V	Q	M	N
F	I	C	H	N	Z	T	O	L	L	E	L	O	B	G	N	N	P	B
S	L	H	G	L	R	A	F	K	V	E	Q	E	I	B	H	E	P	O
W	P	A	T	M	A	S	V	E	I	G	F	J	O	H	A	N	D	E
W	K	A	I	C	B	R	E	D	S	D	S	K	S	R	K	E	C	I
K	Z	D	E	C	K	Q	R	J	I	O	G	L	C	U	P	R	X	N
F	P	K	H	I	K	A	T	J	S	N	I	V	H	E	T	I	B	A
K	O	B	T	I	R	Y	R	N	V	T	T	G	E	L	X	T	B	B
P	Z	E	U	V	K	M	A	H	O	M	H	Z	N	H	E	D	V	O
M	E	I	A	N	D	H	U	D	J	W	C	E	K	E	V	B	M	B
L	K	U	R	P	O	F	E	I	C	H	I	S	E	U	W	L	O	O
T	R	I	T	D	J	U	N	J	Q	D	S	U	N	F	E	L	M	D
A	A	T	R	V	I	F	Z	S	N	N	H	A	N	U	M	B	E	J
B	T	R	E	Q	Y	R	T	I	A	E	C	H	D	E	A	R	N	P
U	S	U	V	H	H	W	K	T	V	Z	A	U	X	R	S	G	T	A
W	A	W	N	I	B	S	F	N	D	T	N	Z	C	F	N	Y	E	D
B	G	W	Q	X	K	J	H	G	N	E	E	M	C	I	I	T	I	Y
H	W	I	E	C	E	K	N	A	A	U	F	I	Y	P	E	F	T	R
D	M	M	E	I	W	U	O	R	H	H	R	C	N	U	M	Q	M	H
Q	Y	U	I	C	D	Z	M	U	S	C	E	H	U	E	E	N	V	A
S	L	L	C	N	L	U	O	W	Q	S	U	Z	I	M	G	D	F	S
G	K	B	I	M	V	T	S	F	Y	E	D	J	M	B	N	A	L	P
D	Y	B	C	Z	X	I	E	K	L	B	Q	I	G	M	S	E	L	P
O	J	L	Z	G	T	O	D	A	E	W	O	K	V	T	O	C	H	K

P	D	C	L	Q	O	B	S	I	O	X	U	P	B	W	N	Y	P	E
R	S	E	B	E	R	F	Q	M	M	Q	I	M	L	A	G	J	R	D
U	M	C	L	E	R	F	O	L	G	E	S	U	E	O	E	H	Q	C
H	D	O	C	J	Q	A	B	K	Y	C	A	H	P	C	O	M	X	B
E	C	H	G	M	J	J	T	W	K	V	E	S	U	L	L	V	S	A
R	Q	X	I	D	J	F	T	O	I	V	S	J	U	D	I	I	Y	P
Z	E	C	K	H	X	Z	E	B	J	A	N	N	H	M	Y	G	Z	I
E	H	F	C	E	I	W	M	R	I	Z	G	F	T	I	I	O	M	H
N	P	I	U	B	Z	J	T	E	E	T	C	O	A	N	J	T	J	M
S	D	J	D	A	Y	O	C	D	E	E	S	T	E	F	Z	W	N	M
F	A	P	I	E	K	Y	J	N	V	G	R	L	R	S	Y	K	O	I
R	W	J	C	Q	Y	V	D	A	G	G	I	G	E	E	J	W	Q	X
E	Q	L	H	Q	L	Z	X	N	N	E	V	O	D	H	N	V	R	P
U	C	X	M	A	G	E	N	I	T	E	E	X	N	X	E	M	Y	Z
N	P	G	I	I	K	W	T	E	L	G	B	Q	A	O	N	X	X	W
D	S	Z	T	A	N	O	Q	R	V	R	A	Q	N	H	R	U	Z	I
S	B	L	E	N	J	J	X	E	F	D	N	I	I	U	E	L	J	Y
C	E	R	I	O	U	N	A	U	I	N	F	S	E	G	L	H	X	H
H	T	U	N	P	G	E	V	F	J	V	M	E	N	Q	K	L	M	F
A	I	T	A	G	O	O	R	H	G	T	M	I	O	D	A	H	M	B
F	E	T	N	W	T	A	N	F	Y	S	I	T	V	O	X	E	V	Z
T	S	M	D	O	X	I	K	N	R	U	Z	E	H	D	Q	O	U	I
K	A	L	E	A	E	N	B	E	W	L	D	H	S	N	N	U	J	R
S	Y	C	R	S	O	K	O	V	K	A	W	G	L	A	U	B	T	Z

17

NAEHE

ERFOLGE MITEINANDER TEILEN

ERHOLUNG

DA SEIN FUEREINANDER

GLAUBT AN DICH

FREU MICH AUF DICH

VONEINANDER LERNEN

SEITE AN SEITE

HERZENSFREUNDSCHAFT

INTIMUS

Lösung

P D C L Q O B S I O X U P B W N Y P E
R S E B E R F Q M M Q I M L A G J R D
U M C L E R F O L G E S U E O E H Q C
H D O C J Q A B K Y C A H P C O M X B
E C H G M J J T W K V E S U L L V S A
R Q X I D J F T O I V S J U D I I Y P
Z E C K H X Z E B J A N N H M Y G Z I
E H F C E I W M R I Z G F T I I O M H
N P I U B Z J T E E T C O A N J T J M
S D J D A Y O C D E E S T E F Z W N M
F A P I E K Y J N V G R L R S Y K O I
R W J C Q Y V D A G G I G E E J W Q X
E Q L H Q L Z X N N E V O D H N V R P
U C X M A G E N I T E E X N X E M Y Z
N P G I I K W T E L G B Q A O N X X W
D S Z T A N O Q R V R A Q N H R U Z I
S B L E N J J X E F D N I I U E L J Y
C E R I O U N A U I N F S E G L H X H
H T U N P G E V F J V M E N Q K L M F
A I T A G O O R H G T M I O D A H M B
F E T N W T A N F Y S I T V O X E V Z
T S M D O X I K N R U Z E H D Q O U I
K A L E A E N B E W L D H S N N U J R
S Y C R S O K O V K A W G L A U B T Z

```
L O L L A Y G N W G U A Z M K Z Q G S
T S J O A I W X P Y L R D X O X S Y R
X L K Z F S T O Q Q S V F K N P G F M
U G Q W B U S Z E H E K L W S H C I S
O D R Z L D R E A O U H G I T V W L J
W E N P P W E R N G W D M L R T E I Y
D B E K J O A E S N C W M L U E I E Z
T D B E M C I U P S A L R K K I I B E
C F A B M N L F W L U G U O T K L L V
E K H P P L I S I L F F H M I R M I E
T W L L M J M J E L E I R M V P B N R
G E I D C Y A I K D I E P E E M U G L
X P E M Y N F I T O N B P N X D H S A
A W T O C W P Q I Y A C R I Q A Z M S
W M K O M P L I M E N T E U T Y M E S
R E M M I N M H L N D T H K A A Q N E
I Q C A N D E R E N E V M L C R P S N
Z M J D A J J U B K R E E H D R E C G
V E W N Q K L S E I N K E S H E G H Z
I H I M Z F Y U P R P N U D M M L D Y
I U K T U D H K P W F I D L B M O W J
L V M E C H T E K R I T I K T I F W I
G U N B E Z A H L B A R C P V D R R D
L D I C H N N O X R E B E U U J E V L
```

18

LIEBLINGSMENSCH ECHTE KOMPLIMENTE MACHEN
KONSTRUKTIVE KRITIK IMMER WILLKOMMEN
HAT IMMER ZEIT FUER DICH TEILHABEN LASSEN
SICH AUFEINANDER VERLASSEN UNBEZAHLBAR
UEBER ERFOLGE DES ANDEREN FREUEN FAMILIAER

Lösung

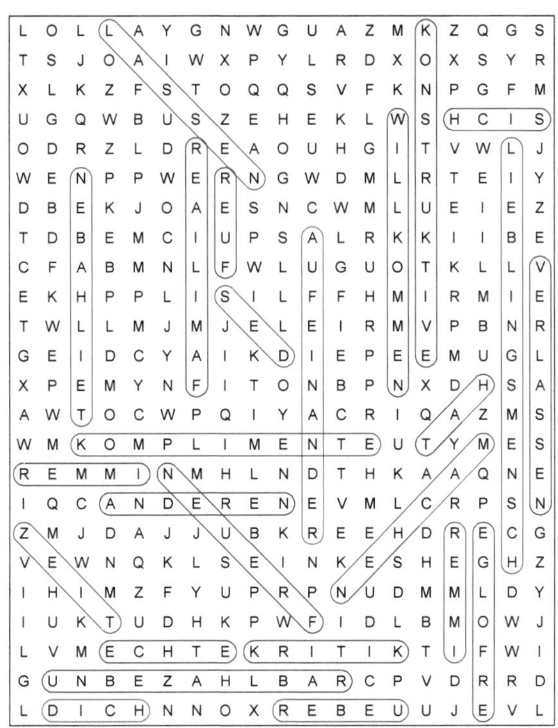

DAS

GLÜCK

WORTSUCHRÄTSEL BUCH

V	E	C	P	A	O	Q	T	P	T	W	C	S	N	B	P	F	L	B
L	K	J	M	R	U	B	O	I	F	B	H	D	Z	P	O	I	J	R
E	A	A	Z	G	G	S	I	T	T	V	Y	H	R	Z	C	Q	E	J
U	W	R	U	G	P	M	K	O	M	P	X	N	U	G	R	C	R	I
T	Z	X	G	W	P	O	U	C	U	P	B	W	A	Z	P	W	F	V
E	Q	F	E	O	M	U	Y	W	M	P	E	E	I	O	I	I	O	M
I	E	B	X	V	A	V	O	Y	J	N	B	D	D	X	E	N	L	D
S	W	G	O	E	M	R	R	G	D	P	O	Y	K	N	W	H	G	L
V	K	F	X	A	U	V	X	U	J	V	B	Q	S	N	B	S	X	A
T	C	D	T	E	D	F	N	A	Y	M	X	U	O	I	V	I	M	J
N	E	I	M	A	I	G	K	K	U	P	C	E	M	W	O	T	D	E
O	U	H	Q	K	E	I	V	F	M	O	W	S	R	E	L	K	V	N
Y	L	H	V	P	R	I	M	Y	N	Z	Q	Q	I	G	L	S	Q	C
N	G	I	A	J	E	C	S	K	L	B	B	B	T	T	T	A	D	O
E	C	J	M	W	M	J	I	L	Y	R	P	Y	X	P	R	Q	I	U
B	O	S	Y	X	R	U	E	L	H	L	F	X	P	U	E	N	S	P
A	X	E	D	W	E	B	T	S	P	Z	L	D	J	A	F	I	Y	L
G	S	D	A	W	A	H	U	Q	M	M	X	T	T	H	F	V	J	V
Z	U	D	F	K	W	G	E	T	U	R	M	S	U	V	E	F	A	V
U	A	M	S	N	H	U	B	K	I	I	L	L	A	J	R	H	V	X
M	Z	M	D	C	C	L	I	L	R	J	S	O	S	T	T	S	F	H
R	I	A	R	P	S	L	J	P	T	D	N	J	X	P	S	W	I	F
Z	R	H	D	T	I	W	M	Q	V	W	G	F	O	M	O	D	F	C
M	V	L	N	E	H	I	E	O	M	W	B	L	Y	T	U	W	M	X

TRIUMPH
VOLLTREFFER
COUP
ZUWENDUNG
GABE

SCHWAERMEREI
GLUECK
BEUTE
HAUPTGEWINN
ERFOLG

Lösung

V	E	C	P	A	O	Q	T	P	T	W	C	S	N	B	P	F	L	B
L	K	J	M	R	U	B	O	I	F	B	H	D	Z	P	O	I	J	R
E	A	A	Z	G	G	S	I	T	T	V	Y	H	R	Z	C	Q	E	J
U	W	R	U	G	P	M	K	O	M	P	X	N	U	G	R	C	R	I
T	Z	X	G	W	P	O	U	C	U	P	B	W	A	Z	P	W	F	V
E	Q	F	E	O	M	U	Y	W	M	P	E	E	I	O	I	I	O	M
I	E	B	X	V	A	V	O	Y	J	N	B	D	D	X	E	N	L	D
S	W	G	O	E	M	R	R	G	D	P	O	Y	K	N	W	H	G	L
V	K	F	X	A	U	V	X	U	J	V	B	Q	S	N	B	S	X	A
T	C	D	T	E	D	F	N	A	Y	M	X	U	O	I	V	I	M	J
N	E	I	M	A	I	G	K	K	U	P	C	E	M	W	O	T	D	E
O	U	H	Q	K	E	I	V	F	M	O	W	S	R	E	L	K	V	N
Y	L	H	V	P	R	I	M	Y	N	Z	Q	Q	I	G	L	S	Q	C
N	G	I	A	J	E	C	S	K	L	B	B	B	T	T	T	A	D	O
E	C	J	M	W	M	J	I	L	Y	R	P	Y	X	P	R	Q	I	U
B	O	S	Y	X	R	U	E	L	H	L	F	X	P	U	E	N	S	P
A	X	E	D	W	E	B	T	S	P	Z	L	D	J	A	F	I	Y	L
G	S	D	A	W	A	H	U	Q	M	M	X	T	T	H	F	V	J	V
Z	U	D	F	K	W	G	E	T	U	R	M	S	U	V	E	F	A	V
U	A	M	S	N	H	U	B	K	I	I	L	L	A	J	R	H	V	X
M	Z	M	D	C	C	L	I	L	R	J	S	O	S	T	T	S	F	H
R	I	A	R	P	S	L	J	P	T	D	N	J	X	P	S	W	I	F
Z	R	H	D	T	I	W	M	Q	V	W	G	F	O	M	O	D	F	C
M	V	L	N	E	H	I	E	O	M	W	B	L	Y	T	U	W	M	X

W	E	A	O	L	Z	A	Y	H	U	L	C	R	C	V	V	R	B	N
O	C	A	H	K	Z	L	Q	N	E	S	B	O	K	S	A	X	M	L
H	L	E	B	E	N	S	G	E	I	S	T	E	R	J	N	H	K	C
U	O	T	S	R	L	O	A	U	E	R	K	T	L	R	N	S	B	H
N	Q	Y	T	F	O	J	Y	F	T	O	U	U	B	E	Z	P	H	R
K	A	V	N	U	Y	T	U	T	F	G	N	W	Z	D	V	J	Z	Z
B	O	S	P	E	E	G	A	V	Q	D	O	T	L	S	T	R	B	P
O	G	B	X	L	G	U	C	H	P	H	E	D	T	K	D	N	J	W
L	S	S	J	L	X	A	E	M	L	O	I	R	O	M	C	V	F	U
H	C	L	B	U	L	Q	B	G	G	F	L	M	V	A	E	N	F	T
E	X	K	Z	N	L	Z	E	R	Y	V	M	W	R	E	M	C	U	Y
X	H	P	P	G	L	F	E	Q	B	E	O	T	T	U	X	X	V	E
D	G	V	U	M	U	W	S	Y	N	X	K	M	D	K	D	Y	X	N
N	L	V	U	E	X	Q	H	B	A	N	N	X	N	U	E	V	Q	R
G	Z	T	H	J	J	Y	L	F	S	U	F	T	T	P	T	A	L	P
L	D	L	F	S	T	J	N	B	U	X	N	O	N	E	N	J	D	Y
M	M	V	U	O	P	O	D	W	P	C	X	C	F	N	P	R	I	U
E	Y	Z	T	H	B	M	W	M	T	B	E	A	U	T	Y	F	E	A
F	I	P	O	L	N	X	A	U	H	N	K	E	Y	X	K	S	W	R
T	G	C	E	A	L	O	O	F	C	T	Q	P	W	K	A	L	B	G
H	X	S	L	G	N	V	E	X	P	Y	B	P	Z	N	Z	Z	T	X
S	S	E	Q	C	R	R	E	I	S	E	A	L	P	W	C	V	Y	M
E	B	S	G	X	V	T	J	Y	F	Q	Q	R	C	T	X	M	O	Z
M	S	D	F	H	V	L	P	Z	V	O	R	W	A	E	R	T	S	E

BEAUTY
ELAN
ERGOETZEN
VORWAERTS KOMMEN
PLAESIER

WOHLGEFUEHL
LEBENSGEISTER
ERFUELLUNG
NOBLESSE
BANN

Lösung

W E A O L Z A Y H U L C R C V V R B N
O C A H K Z L Q N E S B O K S A X M L
H L E B E N S G E I S T E R J N H K C
U O T S R L O A U E R K T L R N S B H
N Q Y T F O J Y F T O U U B E Z P H R
K A V N U Y T U T F G N W Z D V J Z Z
B O S P E E G A V Q D O T L S T R B P
O G B X L G U C H P H E D T K D N J W
L S S J L X A E M L O I R O M C V F U
H C L B U L Q B G G F L M V A E N F T
E X K Z N L Z E R Y V M W R E M C U Y
X H P P G L F E Q B E O T T U X X V E
D G V U M U W S Y N X K M D K D Y X N
N L V U E X Q H B A N N X N U E V Q R
G Z T H J J Y L F S U F T T P T A L P
L D L F S T J N B U X N O N E N J D Y
M M V U O P O D W P C X C F N P R I U
E Y Z T H B M W M T B E A U T Y F E A
F I P O L N X A U H N K E Y X K S W R
T G C E A L O O F C T Q P W K A L B G
H X S L G N V E X P Y B P Z N Z Z T X
S S E Q C R R E I S E A L P W C V Y M
E B S G X V T J Y F Q Q R C T X M O Z
M S D F H V L P Z V O R W A E R T S E

E	Q	R	A	I	B	W	C	R	S	S	H	R	C	Y	D	U	S	L
C	F	R	N	X	E	X	W	J	D	F	Y	E	A	F	G	M	X	V
I	Z	Z	I	B	W	V	Z	N	L	E	Z	N	F	D	D	H	P	C
A	T	C	V	O	R	F	R	E	U	D	E	C	K	B	K	Y	U	B
H	K	N	Z	U	S	T	I	M	M	U	N	G	T	J	E	N	J	D
G	N	U	N	H	C	I	E	Z	S	U	A	W	E	U	F	L	V	L
I	I	O	G	O	V	T	T	Y	S	Q	O	M	P	E	S	G	T	J
G	D	H	L	L	T	K	E	K	F	H	M	P	D	Y	N	P	I	I
J	J	T	J	A	X	R	E	K	L	W	O	W	D	G	F	L	E	E
N	B	E	Q	N	X	X	U	G	K	B	H	T	J	M	K	A	K	F
V	M	E	O	N	C	K	E	M	O	K	F	P	X	R	F	E	G	S
E	H	A	D	A	J	S	P	N	P	M	W	G	V	A	K	S	I	K
E	T	C	F	P	T	H	Y	A	A	F	U	Z	R	W	C	I	T	W
A	L	W	U	A	R	R	Z	Y	V	Z	R	J	E	F	I	R	S	D
F	V	P	L	R	V	B	V	A	H	N	K	C	Y	T	H	T	U	U
A	K	T	A	J	B	B	J	C	I	I	J	R	C	W	C	S	L	C
J	Z	L	G	A	K	H	S	E	N	M	Y	Z	E	H	R	N	X	F
N	Z	J	V	S	X	I	C	P	J	J	E	L	Q	C	C	T	X	P
B	R	P	K	S	F	J	O	R	U	K	A	S	X	X	T	L	Q	W
O	V	Y	K	X	A	G	C	T	U	N	Y	A	N	E	K	E	I	L
N	X	Q	B	W	W	S	I	B	Y	D	Z	F	Q	E	C	K	T	I
Z	R	A	U	O	I	Z	E	I	W	A	G	D	J	Q	T	T	I	I
M	V	X	N	Q	T	X	Z	H	N	W	F	R	R	J	Y	U	Y	H
T	L	C	Z	U	H	W	A	O	N	F	R	N	H	M	P	R	Q	B

ZUSTIMMUNG
VORFREUDE
FISCHZUG
WOHLGESTALT
CHIC
LUSTIGKEIT
AUSZEICHNUNG
TRUMPF
DURCHBRUCH
PLAESIR

Lösung

E	Q	R	A	I	B	W	C	R	S	S	H	R	C	Y	D	U	S	L
C	F	R	N	X	E	X	W	J	D	F	Y	E	A	F	G	M	X	V
I	Z	Z	I	B	W	V	Z	N	L	E	Z	N	F	D	D	H	P	C
A	T	C	V	O	R	F	R	E	U	D	E	C	K	B	K	Y	U	B
H	K	N	Z	U	S	T	I	M	M	U	N	G	T	J	E	N	J	D
G	N	U	N	H	C	I	E	Z	S	U	A	W	E	U	F	L	V	L
I	I	O	G	O	V	T	T	Y	S	Q	O	M	P	E	S	G	T	J
G	D	H	L	L	T	K	E	K	F	H	M	P	D	Y	N	P	I	I
J	J	T	J	A	X	R	E	K	L	W	O	W	D	G	F	L	E	E
N	B	E	Q	N	X	X	U	G	K	B	H	T	J	M	K	A	K	F
V	M	E	O	N	C	K	E	M	O	K	F	P	X	R	F	E	G	S
E	H	A	D	A	J	S	P	N	P	M	W	G	V	A	K	S	I	K
E	T	C	F	P	T	H	Y	A	A	F	U	Z	R	W	C	I	T	W
A	L	W	U	A	R	R	Z	Y	V	Z	R	J	E	F	I	R	S	D
F	V	P	L	R	V	B	V	A	H	N	K	C	Y	T	H	T	U	U
A	K	T	A	J	B	B	J	C	I	I	J	R	C	W	C	S	L	C
J	Z	L	G	A	K	H	S	E	N	M	Y	Z	E	H	R	N	X	F
N	Z	J	V	S	X	I	C	P	J	J	E	L	Q	C	C	T	X	P
B	R	P	K	S	F	J	O	R	U	K	A	S	X	X	T	L	Q	W
O	V	Y	K	X	A	G	C	T	U	N	Y	A	N	E	K	E	I	L
N	X	Q	B	W	W	S	I	B	Y	D	Z	F	Q	E	C	K	T	I
Z	R	A	U	O	I	Z	E	I	W	A	G	D	J	Q	T	T	I	I
M	V	X	N	Q	T	X	Z	H	N	W	F	R	R	J	Y	U	Y	H
T	L	C	Z	U	H	W	A	O	N	F	R	N	H	M	P	R	Q	B

L	B	C	T	D	B	R	R	I	Q	A	S	M	D	A	R	S	O	X
A	O	B	G	O	L	P	C	E	A	E	A	A	R	G	V	O	O	D
F	B	V	K	P	G	O	W	Q	F	A	G	R	O	S	S	E	S	L
R	G	X	V	K	K	U	B	O	T	I	J	W	P	W	J	P	S	T
U	W	S	G	T	R	A	Z	E	I	J	E	B	W	Z	U	J	P	D
Q	H	R	X	F	R	T	V	X	E	V	P	Q	C	P	L	K	R	C
C	S	D	C	R	L	W	W	O	H	Y	B	B	O	H	X	B	I	V
L	Z	K	K	T	S	V	Z	F	M	S	Q	F	N	V	G	Z	F	G
X	R	O	I	J	G	B	U	X	H	U	I	X	Y	E	Y	S	V	I
I	W	V	T	I	H	H	V	M	E	M	C	X	S	V	V	A	H	M
G	D	U	R	K	T	C	T	L	N	P	R	P	D	Z	U	R	M	Z
Z	V	B	B	A	X	Q	H	E	R	E	T	I	D	U	A	G	F	U
I	B	K	U	X	E	Y	K	D	O	W	I	Z	H	T	A	P	K	L
L	Z	I	X	Z	S	Z	K	I	V	H	E	F	Q	Y	G	S	E	K
E	G	N	H	E	R	R	H	E	T	T	R	O	M	O	T	M	W	N
H	O	H	V	Y	C	F	I	W	E	A	E	L	L	I	F	L	Y	B
E	H	W	M	X	D	F	X	N	A	B	T	A	C	H	D	E	H	D
I	H	F	C	D	T	T	M	E	W	U	S	V	C	Y	I	X	X	M
A	N	T	Q	M	I	C	O	G	O	N	A	S	S	K	M	S	O	W
Y	Y	S	I	K	B	H	D	U	N	I	T	V	I	M	W	N	B	Q
W	P	Z	K	Z	B	L	X	A	N	B	N	V	T	F	F	K	G	O
Q	P	V	R	D	Y	U	Q	G	E	N	A	Z	G	F	K	H	Q	C
Z	H	P	F	R	O	H	S	I	N	N	F	V	A	L	U	E	Q	L
F	W	G	G	V	P	S	B	N	A	S	L	I	T	B	Q	A	W	E

EIFER
FROHSINN
WONNE
FANTASTEREI
GROSSES LOS

AUGENWEIDE
VORNEHMHEIT
WURF
HOBBY
GAUDI

Lösung

L B C T D B R R I Q A S M D A R S O X
A O B G O L P C E A E A A R G V O O D
F B V K P G O W Q F A G R O S S E S L
R G X V K K U B O T I J W P W J P S T
U W S G T R A Z E I J E B W Z U J P D
Q H R X F R T V X E V P Q C P L K R C
C S D C R L W W O H Y B B O H X B I V
L Z K K T S V Z F M S Q F N V G Z F G
X R O I J G B U X H U I X Y E Y S V I
I W V T I H H V M E M C X S V V A H M
G D U R K T C T L N P R P D Z U R M Z
Z V B B A X Q H E R E T I D U A G F U
I B K U X E Y K D O W I Z H T A P K L
L Z I X Z S Z K I V H E F Q Y G S E K
E G N H E R R H E T T R O M O T M W N
H O H V Y C F I W E A E L L I F L Y B
E H W M X D F X N A B T A C H D E H D
I H F C D T T M E W U S V C Y I X X M
A N T Q M I C O G O N A S S K M S O W
Y Y S I K B H D U N I T V I M W N B Q
W P Z K Z B L X A N B N V T F F K G O
Q P V R D Y U Q G E N A Z G F K H Q C
Z H P F R O H S I N N F V A L U E Q L
F W G G V P S B N A S L I T B Q A W E

A	D	J	Q	O	S	E	C	F	H	W	V	G	T	R	W	T	H	Y
N	Z	B	R	T	W	F	O	L	M	F	C	Z	M	A	T	T	R	C
J	F	Q	R	Z	K	Y	I	C	G	H	A	U	R	E	H	P	N	N
G	P	Q	M	G	O	E	N	J	V	U	T	U	U	S	T	L	U	E
V	R	H	W	X	B	Q	N	F	S	Q	P	L	N	I	V	O	U	P
Y	K	E	M	R	F	J	I	G	E	P	A	V	H	C	X	K	F	G
S	C	P	E	X	R	E	W	E	A	R	F	S	L	P	I	S	A	B
K	G	I	G	Y	X	X	E	F	W	I	F	V	F	H	B	W	M	R
D	Z	Q	N	Q	B	W	G	T	D	U	L	O	O	C	Z	C	R	B
A	M	P	G	Z	U	N	H	W	A	Q	E	R	E	L	O	H	U	O
S	B	W	Y	E	U	E	W	K	B	E	I	P	U	R	R	I	T	E
E	Z	T	O	I	R	N	R	W	G	I	D	I	P	W	H	N	S	B
I	C	A	C	B	N	E	C	P	I	N	E	N	A	P	O	Q	S	E
N	K	L	H	V	V	P	O	I	A	I	N	Q	N	E	T	R	L	N
S	K	Z	L	S	K	L	C	N	Q	G	S	A	J	A	V	F	L	M
F	L	P	S	J	U	R	O	W	P	K	C	U	D	Q	N	L	A	A
R	Z	O	P	O	E	K	U	H	H	E	H	C	H	P	U	A	F	S
E	U	N	G	F	N	K	J	J	N	I	A	E	U	X	P	R	I	S
U	M	U	F	E	J	V	O	Y	Y	T	F	E	T	L	H	T	E	A
D	B	E	S	H	Z	Z	A	X	Q	V	T	A	M	W	N	W	B	O
E	R	O	M	T	D	O	Z	P	B	W	G	D	L	E	T	J	F	O
T	Y	L	E	W	J	K	N	M	R	G	G	O	E	Y	E	K	M	A
W	U	K	Y	Q	O	W	K	A	A	T	Z	D	L	T	U	U	L	N
R	A	T	Z	L	B	Z	Q	B	Y	Q	Q	J	B	L	J	U	A	H

VERKAUFSHIT
BEIFALLSSTURM
GEWINN
LOHN
LIEBREIZ
DASEINSFREUDE
EINIGKEIT
EBENMASS
LEIDENSCHAFT
TREFFER

Lösung

A	D	J	Q	O	S	E	C	F	H	W	V	G	T	R	W	T	H	Y
N	Z	B	R	T	W	F	O	L	M	F	C	Z	M	A	T	T	R	C
J	F	Q	R	Z	K	Y	I	C	G	H	A	U	R	E	H	P	N	N
G	P	Q	M	G	O	E	N	J	V	U	T	U	U	S	T	L	U	E
V	R	H	W	X	B	Q	N	F	S	Q	P	L	N	I	V	O	U	P
Y	K	E	M	R	F	J	I	G	E	P	A	V	H	C	X	K	F	G
S	C	P	E	X	R	E	W	E	A	R	F	S	L	P	I	S	A	B
K	G	I	G	Y	X	X	E	F	W	I	F	V	F	H	B	W	M	R
D	Z	Q	N	Q	B	W	G	T	D	U	L	O	O	C	Z	C	R	B
A	M	P	G	Z	U	N	H	W	A	Q	E	R	E	L	O	H	U	O
S	B	W	Y	E	U	E	W	K	B	E	I	P	U	R	R	I	T	E
E	Z	T	O	I	R	N	R	W	G	I	D	I	P	W	H	N	S	B
I	C	A	C	B	N	E	C	P	I	N	E	N	A	P	O	Q	S	E
N	K	L	H	V	V	P	O	I	A	I	N	Q	N	E	T	R	L	N
S	K	Z	L	S	K	L	C	N	Q	G	S	A	J	A	V	F	L	M
F	L	P	S	J	U	R	O	W	P	K	C	U	D	Q	N	L	A	A
R	Z	O	P	O	E	K	U	H	H	E	H	C	H	P	U	A	F	S
E	U	N	G	F	N	K	J	J	N	I	A	E	U	X	P	R	I	S
U	M	U	F	E	J	V	O	Y	Y	T	F	E	T	L	H	T	E	A
D	B	E	S	H	Z	Z	A	X	Q	V	T	A	M	W	N	W	B	O
E	R	O	M	T	D	O	Z	P	B	W	G	D	L	E	T	J	F	O
T	Y	L	E	W	J	K	N	M	R	G	G	O	E	Y	E	K	M	A
W	U	K	Y	Q	O	W	K	A	A	T	Z	D	L	T	U	U	L	N
R	A	T	Z	L	B	Z	Q	B	Y	Q	Q	J	B	L	J	U	A	H

E	G	Z	B	T	N	H	A	P	H	A	U	T	A	A	W	K	T	Z
Y	R	Y	K	Q	T	S	V	M	E	C	Q	G	O	H	D	J	U	U
E	K	F	T	I	E	H	N	E	N	N	O	S	E	B	O	U	E	C
S	T	J	M	N	S	E	X	Q	G	E	E	Z	E	B	W	T	O	J
U	Q	W	D	R	J	G	L	U	M	M	Z	S	H	W	Z	Q	E	P
M	K	P	L	D	K	A	I	T	Y	Y	Y	K	X	Y	F	W	E	B
S	J	L	P	W	Y	V	V	T	I	I	K	I	I	G	Z	K	A	R
A	G	F	N	T	Q	C	H	S	U	K	A	Y	R	Z	R	P	J	S
I	J	F	M	E	A	J	R	I	B	U	M	C	V	Y	Y	L	C	Y
S	I	A	G	Y	G	H	A	P	G	M	I	Q	K	R	N	M	A	A
U	M	T	M	C	R	A	A	H	I	L	I	E	X	L	Y	F	T	D
H	J	O	J	S	I	F	H	C	B	C	B	W	X	A	Y	A	T	N
T	L	J	D	J	W	Y	E	E	I	U	D	I	X	X	O	S	R	W
N	E	W	B	O	I	J	A	H	B	G	S	R	Q	M	N	Z	A	H
E	R	D	E	F	Z	T	Z	F	J	L	O	M	E	R	L	I	K	C
L	S	K	P	O	N	P	I	K	C	P	H	P	S	B	V	N	T	U
S	D	V	X	Y	N	N	V	Q	A	C	F	O	Z	I	Z	A	I	R
K	B	S	A	W	S	P	S	L	W	Q	I	O	W	P	O	T	V	P
C	L	G	G	X	F	U	T	H	C	X	D	U	K	F	P	I	I	S
G	B	U	W	H	M	E	X	K	A	Y	V	M	E	C	W	O	T	U
Z	O	Z	H	G	W	I	N	U	K	M	J	W	R	N	T	N	A	Z
A	L	B	L	T	P	Q	O	X	L	S	L	D	G	L	J	E	E	V
N	I	E	H	C	S	N	E	N	N	O	S	X	U	I	I	O	T	K
G	A	T	P	K	B	O	L	W	A	W	E	I	H	E	Z	Q	J	O

LOB
BESONNENHEIT
WOHLBEHAGEN
LUXUS
WEIHE

ENTHUSIASMUS
ATTRAKTIVITAET
SONNENSCHEIN
FASZINATION
ZUSPRUCH

Lösung

E G Z B T N H A P H A U T A A W K T Z
Y R Y K Q T S V M E C Q G O H D J U U
E K F T I E H N E N N O S E B O U E C
S T J M N S E X Q G E E Z E B W T O J
U Q W D R J G L U M M Z S H W Z Q E P
M K P L D K A I T Y Y Y K X Y F W E B
S J L P W Y V V T I I K I I G Z K A R
A G F N T Q C H S U K A Y R Z R P J S
I J F M E A J R I B U M C V Y Y L C Y
S I A G Y G H A P G M I Q K R N M A A
U M T M C R A A H I L I E X L Y F T D
H J O J S I F H C B C B W X A Y A T N
T L J D J W Y E E I U D I X X O S R W
N E W B O I J A H B G S R Q M N Z A H
E R D E F Z T Z F J L O M E R L I K C
L S K P O N P I K C P H P S B V N T U
S D V X Y N N V Q A C F O Z I Z A I R
K B S A W S P S L W Q I O W P O T V P
C L G G X F U T H C X D U K F P I I S
G B U W H M E X K A Y V M E C W O T U
Z O Z H G W I N U K M J W R N T N A Z
A L B L T P Q O X L S L D G L J E E V
N I E H C S N E N N O S X U I I O T K
G A T P K B O L W A W E I H E Z Q J O

Z	O	K	O	Z	Y	O	Y	T	W	Y	Q	B	O	R	S	H	F	V
T	D	T	G	L	E	H	Z	P	T	N	N	E	H	H	T	R	Q	I
B	F	R	E	I	N	B	R	U	N	S	T	Z	J	D	O	S	O	P
X	B	B	I	B	A	W	B	D	T	F	V	B	K	H	P	Z	U	D
Z	F	P	T	F	O	C	I	P	H	I	V	I	E	J	P	H	P	X
T	M	O	S	U	H	P	L	O	E	L	Y	G	M	T	W	L	B	S
C	N	S	F	A	H	S	X	S	E	G	E	N	V	G	E	V	Q	D
L	A	K	U	M	S	R	Y	L	V	F	V	C	T	F	J	B	Q	L
V	P	F	A	L	I	E	B	O	A	H	I	G	L	B	Q	A	U	K
U	K	L	C	W	Z	B	J	E	W	Z	H	K	Z	Z	P	X	N	W
Q	X	W	Z	E	T	I	L	T	Q	X	J	M	T	X	V	F	L	C
V	C	Y	C	H	G	L	G	V	Z	G	N	U	M	M	I	T	S	K
P	I	B	T	U	I	B	N	H	N	M	B	T	E	C	B	H	G	A
X	V	R	F	G	Q	S	U	M	M	Z	X	Z	S	O	I	V	T	W
R	K	T	K	N	S	L	N	E	L	N	K	Q	O	Q	J	V	P	D
Z	K	E	O	R	U	Z	H	U	Y	D	O	L	W	N	Y	P	B	X
C	I	G	W	B	E	Z	O	U	D	W	F	D	Q	K	T	G	R	Y
T	D	A	U	G	F	V	L	R	J	I	G	B	M	S	G	L	H	A
Q	W	N	Y	K	D	Z	E	Z	T	N	Y	T	P	G	Z	X	I	V
K	T	S	P	H	C	S	B	M	O	T	L	P	Q	P	H	Q	N	S
L	R	A	U	S	C	H	V	N	V	O	U	C	A	S	M	J	G	T
I	B	S	O	W	E	J	V	A	P	A	P	C	F	X	Z	L	A	C
Y	V	P	K	V	E	R	Z	U	E	C	K	U	N	G	L	O	B	M
X	A	N	D	E	N	K	E	N	N	A	P	M	N	L	G	O	E	B

INBRUNST
HINGABE
AUFSTIEG
BELOHNUNG
GEFAELLIGKEIT

VERZUECKUNG
RAUSCH
SEGEN
FROHE STIMMUNG
ANDENKEN

Lösung

Z O K O Z Y O Y T W Y Q B O R S H F V
T D T G L E H Z P T N N E H H T R Q I
B F R E I N B R U N S T Z J D O S O P
X B B I B A W B D T F V B K H P Z U D
Z F P T F O C I P H I V I E J P H P X
T M O S U H P L O E L Y G M T W L B S
C N S F A H S X S E G E N V G E V Q D
L A K U M S R Y L V F V C T F J B Q L
V P F A L I E B O A H I G L B Q A U K
U K L C W Z B J E W Z H K Z Z P X N W
Q X W Z E T I L T Q X J M T X V F L C
V C Y C H G L G V Z G N U M M I T S K
P I B T U I B N H N M B T E C B H G A
X V R F G Q S U M M Z X Z S O I V T W
R K T K N S L N E L N K Q O Q J V P D
Z K E O R U Z H U Y D O L W N Y P B X
C I G W B E Z O U D W F D Q K T G R Y
T D A U G F V L R J I G B M S G L H A
Q W N Y K D Z E Z T N Y T P G Z X I V
K T S P H C S B M O T L P Q P H Q N S
L R A U S C H V N V O U C A S M J G T
I B S O W E J V A P A P C F X Z L A C
Y V P K V E R Z U E C K U N G L O B M
X A N D E N K E N N A P M N L G O E B

E	S	I	D	U	T	U	Y	H	Y	N	A	L	C	I	F	I	V	X
P	Y	H	S	N	Y	M	U	K	C	J	I	S	Y	B	T	O	U	E
C	T	N	V	Y	R	P	V	V	K	Z	B	R	H	K	N	L	O	Z
X	B	M	X	X	G	F	K	M	P	F	S	K	U	W	E	C	Q	U
E	P	F	Z	C	I	L	C	L	I	J	R	Y	A	E	U	C	P	G
A	T	Z	T	J	E	P	P	H	S	R	M	D	M	Z	S	B	X	X
S	T	T	F	N	A	E	C	H	S	T	E	N	L	I	E	B	E	D
H	N	K	I	C	G	L	U	T	B	M	Z	N	T	S	A	Q	N	I
V	O	Q	K	R	P	U	Y	Z	C	H	V	E	S	C	L	B	Q	K
S	U	F	G	R	H	F	K	K	W	Q	C	K	U	D	A	F	N	G
R	B	V	F	C	I	C	U	N	X	M	Y	C	L	G	N	C	O	T
N	T	S	E	O	Q	X	S	W	Q	G	I	E	S	Q	E	Z	H	H
P	A	M	F	V	I	C	G	T	U	K	T	U	N	Q	R	I	L	Q
O	N	N	K	Z	F	Q	A	H	R	P	I	Z	E	A	K	E	A	P
O	Y	O	W	M	W	P	A	V	Q	O	G	T	B	U	E	P	Y	L
S	L	U	S	G	P	C	Z	R	B	M	F	N	E	P	N	P	K	X
U	U	V	X	O	Z	C	U	A	L	P	D	E	L	L	N	W	R	J
A	U	K	W	J	Z	L	B	P	Y	R	P	U	H	Z	U	I	N	M
L	M	C	R	X	X	P	T	V	M	V	I	Z	O	J	N	T	F	G
P	N	Z	F	L	E	U	Z	A	C	T	F	T	Q	Q	G	W	U	W
P	P	G	Q	A	W	T	W	Z	H	P	J	X	G	W	C	E	J	Q
A	E	I	D	E	A	L	I	S	M	U	S	E	R	C	T	R	G	R
K	R	Z	A	J	F	P	D	Q	V	T	I	V	N	E	Y	H	Y	L
Y	O	M	I	G	U	Z	A	Q	M	A	D	K	E	G	M	G	T	Z

POMP
IDEALISMUS
NAECHSTENLIEBE
FORTSCHRITT
ENTZUECKEN

ANERKENNUNG
APPLAUS
GUETE
LEBENSLUST
GLUT

Lösung

E	S	I	D	U	T	U	Y	H	Y	N	A	L	C	I	F	I	V	X
P	Y	H	S	N	Y	M	U	K	C	J	I	S	Y	B	T	O	U	E
C	T	N	V	Y	R	P	V	V	K	Z	B	R	H	K	N	L	O	Z
X	B	M	X	X	G	F	K	M	P	F	S	K	U	W	E	C	Q	U
E	P	F	Z	C	I	L	C	L	I	J	R	Y	A	E	U	C	P	G
A	T	Z	T	J	E	P	P	H	S	R	M	D	M	Z	S	B	X	X
S	T	T	F	N	A	E	C	H	S	T	E	N	L	I	E	B	E	D
H	N	K	I	C	G	L	U	T	B	M	Z	N	T	S	A	Q	N	I
V	O	Q	K	R	P	U	Y	Z	C	H	V	E	S	C	L	B	Q	K
S	U	F	G	R	H	F	K	K	W	Q	C	K	U	D	A	F	N	G
R	B	V	F	C	I	C	U	N	X	M	Y	C	L	G	N	C	O	T
N	T	S	E	O	Q	X	S	W	Q	G	I	E	S	Q	E	Z	H	H
P	A	M	F	V	I	C	G	T	U	K	T	U	N	Q	R	I	L	Q
O	N	N	K	Z	F	Q	A	H	R	P	I	Z	E	A	K	E	A	P
O	Y	O	W	M	W	P	A	V	Q	O	G	T	B	U	E	P	Y	L
S	L	U	S	G	P	C	Z	R	B	M	F	N	E	P	N	P	K	X
U	U	V	X	O	Z	C	U	A	L	P	D	E	L	L	N	W	R	J
A	U	K	W	J	Z	L	B	P	Y	R	P	U	H	Z	U	I	N	M
L	M	C	R	X	X	P	T	V	M	V	I	Z	O	J	N	T	F	G
P	N	Z	F	L	E	U	Z	A	C	T	F	T	Q	Q	G	W	U	W
P	P	G	Q	A	W	T	W	Z	H	P	J	X	G	W	C	E	J	Q
A	E	I	D	E	A	L	I	S	M	U	S	E	R	C	T	R	G	R
K	R	Z	A	J	F	P	D	Q	V	T	I	V	N	E	Y	H	Y	L
Y	O	M	I	G	U	Z	A	Q	M	A	D	K	E	G	M	G	T	Z

U	B	C	K	Y	H	N	P	F	H	A	H	M	L	Q	O	Q	B	H
Y	H	E	A	W	M	D	P	S	E	S	U	X	Q	H	E	H	G	M
L	O	G	H	E	E	I	R	O	H	P	U	E	K	L	D	U	N	Q
L	I	P	F	A	M	K	F	O	R	U	N	Z	Q	O	A	L	H	G
L	H	M	B	D	G	G	Q	I	V	L	R	I	N	N	Y	C	P	D
W	O	Y	E	G	V	E	G	A	T	T	S	E	F	F	O	K	W	F
T	R	R	U	M	L	T	N	W	B	Q	E	O	B	T	A	O	S	U
L	Y	O	X	O	W	H	U	P	N	Z	E	B	E	Q	H	T	N	Z
I	P	G	U	Q	K	B	E	X	J	J	D	D	A	L	G	T	O	A
E	I	Q	S	M	V	Y	N	U	J	W	A	L	W	L	E	S	B	F
B	L	K	E	U	I	T	Z	A	F	P	V	O	S	R	L	E	G	I
E	S	G	R	L	O	X	F	Q	L	E	L	W	H	T	G	K	V	Z
N	Z	H	Z	F	G	I	R	X	F	L	G	A	N	L	H	L	C	T
S	L	I	E	D	M	T	D	T	E	L	L	H	U	E	R	V	X	O
W	O	N	A	M	X	M	P	N	J	T	G	E	C	T	G	X	Z	V
U	N	Z	F	M	Q	A	E	U	U	Y	C	T	L	O	A	O	E	U
E	K	O	C	E	Q	Z	L	N	E	K	X	Q	M	A	H	E	I	X
R	R	F	M	A	P	K	G	A	U	E	F	N	E	H	C	A	L	G
D	U	W	D	R	H	H	Q	N	N	S	E	S	S	U	S	M	O	O
I	D	G	S	S	E	W	G	Q	I	X	V	K	O	C	D	K	C	W
G	T	Q	H	U	Y	H	T	I	E	H	D	N	U	S	E	G	H	N
L	Q	E	P	B	P	H	P	L	F	X	G	N	R	X	R	F	Z	Q
R	B	Z	T	D	Z	A	F	Z	I	T	F	Q	G	R	G	E	C	H
T	W	A	D	W	D	D	D	R	L	T	M	G	X	O	T	X	P	A

9

EUPHORIE	UNTERHALTUNG
FESTTAG	LIEBENSWUERDIG
LACHEN	BEHAGEN
BEGLUECKUNG	WOHLWOLLEN
HOCHGEFUEHL	GESUNDHEIT

Lösung

U B C K Y H N P F H A H M L Q O Q B H
Y H E A W M D P S E S U X Q H E H G M
L O G H E E I R O H P U E K L D U N Q
L I P F A M K F O R U N Z Q O A L H G
L H M B D G G Q I V L R I N N Y C P D
W O Y E G V E G A T T S E F F O K W F
T R R U M L T N W B Q E O B T A O S U
L Y O X O W H U P N Z E B E Q H T N Z
I P G U Q K B E X J J D D A L G T O A
E I Q S M V Y N U J W A L W L E S B F
B L K E U I T Z A F P V O S R L E G I
E S G R L O X F Q L E L W H T G K V Z
N Z H Z F G I R X F L G A N L H L C T
S L I E D M T D T E L L H U E R V X O
W O N A M X M P N J T G E C T G X Z V
U N Z F M Q A E U U Y C T L O A O E U
E K O C E Q Z L N E K X Q M A H E I X
R R F M A P K G A U E F N E H C A L G
D U W D R H H Q N N S E S S U S M O O
I D G S S E W G Q I X V K O C D K C W
G T Q H U Y H T I E H D N U S E G H N
L Q E P B P H P L F X G N R X R F Z Q
R B Z T D Z A F Z I T F Q G R G E C H
T W A D W D D D R L T M G X O T X P A

E	F	J	Y	K	D	B	F	U	D	P	E	H	D	J	D	B	D	M
I	S	S	L	O	V	D	E	A	W	K	Z	E	L	T	M	S	P	R
U	R	W	B	M	E	G	S	S	S	X	O	G	O	N	O	J	D	H
U	D	X	Y	B	M	A	T	N	X	U	E	G	Q	L	O	E	A	K
K	J	V	D	Z	W	I	N	K	W	F	W	J	S	E	D	I	Y	Q
V	L	D	W	U	L	M	G	F	A	N	D	K	D	W	B	N	O	U
A	X	Q	X	H	P	T	B	L	H	K	C	I	V	E	V	K	D	F
C	Q	Q	I	G	L	Y	L	I	A	E	W	U	I	K	B	L	I	O
T	K	V	J	J	R	E	F	D	U	Q	I	Z	J	H	F	A	F	K
J	I	G	K	K	N	P	R	L	I	E	A	A	P	W	M	N	P	M
U	Z	E	M	J	A	V	G	B	J	R	M	B	R	G	E	G	T	Y
R	E	N	K	K	O	W	T	T	G	S	Z	W	G	C	Y	A	J	P
W	D	B	S	G	R	J	J	W	I	U	H	E	L	J	N	V	F	R
C	M	P	E	H	I	K	N	R	B	O	G	C	H	N	Z	P	E	V
J	F	Z	V	R	D	L	A	H	C	A	R	H	L	J	D	J	X	C
S	U	Q	R	P	S	H	E	H	B	G	A	S	R	P	Y	D	S	N
K	V	S	E	T	C	C	S	S	V	I	H	L	Y	F	B	E	A	J
M	J	C	I	A	Q	T	H	G	L	O	D	U	A	T	P	N	Y	A
D	K	Y	J	U	I	U	R	W	G	W	Q	N	V	D	Q	H	K	E
O	F	T	H	M	X	O	Y	B	A	O	T	G	N	W	U	Z	X	J
O	U	Z	M	X	E	V	E	R	G	N	U	E	G	T	H	E	I	T
O	Y	U	D	D	K	L	V	A	H	B	G	U	N	O	Z	P	V	I
F	N	B	J	Q	K	X	H	C	K	I	B	K	G	U	I	X	H	B
G	G	G	G	D	V	Z	W	Z	X	U	U	N	P	N	M	D	L	Q

10

GRAZIE
GEFALLEN
EINKLANG
VERGNUEGTHEIT
ABWECHSLUNG
CHARISMA
UEBERSCHWANG
SELIGKEIT
GLUECKSLOS
HOCHSTIMMUNG

Lösung

E	F	J	Y	K	D	B	F	U	D	P	E	H	D	J	D	B	D	M
I	S	S	L	O	V	D	E	A	W	K	Z	E	L	T	M	S	P	R
U	R	W	B	M	E	G	S	S	S	X	O	G	O	N	O	J	D	H
U	D	X	Y	B	M	A	T	N	X	U	E	G	Q	L	O	E	A	K
K	J	V	D	Z	W	I	N	K	W	F	W	J	S	E	D	I	Y	Q
V	L	D	W	U	L	M	G	F	A	N	D	K	D	W	B	N	O	U
A	X	Q	X	H	P	T	B	L	H	K	C	I	V	E	V	K	D	F
C	Q	Q	I	G	L	Y	L	I	A	E	W	U	I	K	B	L	I	O
T	K	V	J	J	R	E	F	D	U	Q	I	Z	J	H	F	A	F	K
J	I	G	K	K	N	P	R	L	I	E	A	A	P	W	M	N	P	M
U	Z	E	M	J	A	V	G	B	J	R	M	B	R	G	E	G	T	Y
R	E	N	K	K	O	W	T	T	G	S	Z	W	G	C	Y	A	J	P
W	D	B	S	G	R	J	J	W	I	U	H	E	L	J	N	V	F	R
C	M	P	E	H	I	K	N	R	B	O	G	C	H	N	Z	P	E	V
J	F	Z	V	R	D	L	A	H	C	A	R	H	L	J	D	J	X	C
S	U	Q	R	P	S	H	E	H	B	G	A	S	R	P	Y	D	S	N
K	V	S	E	T	C	C	S	S	V	I	H	L	Y	F	B	E	A	J
M	J	C	I	A	Q	T	H	G	L	O	D	U	A	T	P	N	Y	A
D	K	Y	J	U	I	U	R	W	G	W	Q	N	V	D	Q	H	K	E
O	F	T	H	M	X	O	Y	B	A	O	T	G	N	W	U	Z	X	J
O	U	Z	M	X	E	V	E	R	G	N	U	E	G	T	H	E	I	T
O	Y	U	D	D	K	L	V	A	H	B	G	U	N	O	Z	P	V	I
F	N	B	J	Q	K	X	H	C	K	I	B	K	G	U	I	X	H	B
G	G	G	G	D	V	Z	W	Z	X	U	U	N	P	N	M	D	L	Q

U	J	X	Z	B	I	A	S	K	W	N	P	F	M	E	E	B	B	X
H	K	L	U	H	I	R	V	F	V	S	F	U	W	J	N	U	R	V
L	Q	H	A	F	E	C	K	U	F	H	I	R	D	U	R	B	E	N
V	B	B	O	K	M	M	W	Z	O	J	Q	E	I	Q	T	S	N	H
A	M	J	K	L	A	Q	P	C	G	P	V	G	I	U	D	E	N	Z
O	K	V	V	N	M	P	H	O	Z	N	W	I	K	L	D	Q	O	W
B	N	N	R	T	N	G	T	O	R	Y	U	F	H	M	J	Q	D	B
G	Z	S	I	O	E	Q	O	P	N	K	X	N	R	B	Q	J	S	B
N	L	U	E	F	Q	A	O	U	X	G	O	E	F	M	O	H	L	J
E	C	P	U	V	U	C	I	S	H	U	T	M	A	F	Z	Q	L	C
D	N	E	R	N	W	M	J	Y	W	S	W	I	M	M	O	N	A	M
A	H	Z	I	N	G	D	K	I	A	Y	A	V	E	E	P	H	F	G
L	Q	U	V	R	L	R	D	U	N	Y	T	E	O	H	N	R	I	W
E	K	G	X	J	E	P	A	I	S	F	O	N	O	G	N	S	E	C
G	I	S	K	B	T	I	G	N	A	D	E	R	E	K	D	I	B	S
E	R	V	U	K	A	X	G	K	Y	O	I	N	H	S	B	L	E	J
I	J	A	C	X	C	V	R	V	I	A	R	V	Z	V	E	R	R	F
G	Z	Q	Y	Y	P	E	I	B	L	U	R	U	V	X	D	A	K	Z
R	U	N	Y	J	D	B	A	O	E	J	U	Q	O	H	U	K	R	B
E	R	P	D	G	F	Y	H	Q	A	T	N	T	C	W	E	T	F	P
N	P	Y	C	B	R	A	N	D	J	F	A	U	T	J	R	C	B	V
E	K	J	N	W	B	F	U	U	E	V	Q	K	T	T	F	O	V	S
Z	S	E	M	V	O	D	Q	U	M	K	B	M	N	H	L	F	M	U
Q	C	J	R	V	R	M	C	V	Y	M	J	L	R	Q	S	G	T	U

BEIFALLSDONNER
FREUDE
ENERGIEGELADEN
ZAUBER
GNADE

PRAESENT
EMPORKOMMEN
HOCHGEFUEHL
HOFFNUNG
FEINHEIT

Lösung

U	J	X	Z	B	I	A	S	K	W	N	P	F	M	E	E	B	B	X
H	K	L	U	H	I	R	V	F	V	S	F	U	W	J	N	U	R	V
L	Q	H	A	F	E	C	K	U	F	H	I	R	D	U	R	B	E	N
V	B	B	O	K	M	M	W	Z	O	J	Q	E	I	Q	T	S	N	H
A	M	J	K	L	A	Q	P	C	G	P	V	G	I	U	D	E	N	Z
O	K	V	V	N	M	P	H	O	Z	N	W	I	K	L	D	Q	O	W
B	N	N	R	T	N	G	T	O	R	Y	U	F	H	M	J	Q	D	B
G	Z	S	I	O	E	Q	O	P	N	K	X	N	R	B	Q	J	S	B
N	L	U	E	F	Q	A	O	U	X	G	O	E	F	M	O	H	L	J
E	C	P	U	V	U	C	I	S	H	U	T	M	A	F	Z	Q	L	C
D	N	E	R	N	W	M	J	Y	W	S	W	I	M	M	O	N	A	M
A	H	Z	I	N	G	D	K	I	A	Y	A	V	E	E	P	H	F	G
L	Q	U	V	R	L	R	D	U	N	Y	T	E	O	H	N	R	I	W
E	K	G	X	J	E	P	A	I	S	F	O	N	O	G	N	S	E	C
G	I	S	K	B	T	I	G	N	A	D	E	R	E	K	D	I	B	S
E	R	V	U	K	A	X	G	K	Y	O	I	N	H	S	B	L	E	J
I	J	A	C	X	C	V	R	V	I	A	R	V	Z	V	E	R	R	F
G	Z	Q	Y	Y	P	E	I	B	L	U	R	U	V	X	D	A	K	Z
R	U	N	Y	J	D	B	A	O	E	J	U	Q	O	H	U	K	R	B
E	R	P	D	G	F	Y	H	Q	A	T	N	T	C	W	E	T	F	P
N	P	Y	C	B	R	A	N	D	J	F	A	U	T	J	R	C	B	V
E	K	J	N	W	B	F	U	U	E	V	Q	K	T	T	F	O	V	S
Z	S	E	M	V	O	D	Q	U	M	K	B	M	N	H	L	F	M	U
Q	C	J	R	V	R	M	C	V	Y	M	J	L	R	Q	S	G	T	U

H	P	O	P	R	C	N	X	L	N	Y	R	M	L	O	C	C	F	L
A	S	K	Q	Q	N	F	G	S	J	F	U	H	S	Z	R	N	O	V
R	Q	S	E	F	K	G	T	N	R	E	M	U	B	L	P	W	R	K
W	B	C	T	V	F	G	A	N	U	K	C	R	K	K	I	R	T	M
V	D	H	U	F	G	Z	Y	X	C	R	B	Q	S	V	B	N	U	R
N	J	E	L	M	Z	C	B	L	Y	H	E	S	I	S	S	F	N	T
M	O	N	S	R	U	Z	B	S	G	H	A	T	I	H	G	E	A	H
F	H	K	N	S	M	U	B	P	F	P	I	F	I	Z	X	I	W	E
F	V	U	J	F	O	G	L	Y	S	E	D	C	T	E	H	E	U	A
Q	Y	N	X	M	W	H	T	N	K	S	E	I	P	R	H	R	Q	V
B	S	G	D	A	H	B	E	H	F	C	I	R	J	M	R	R	K	A
M	L	S	P	X	A	D	C	H	C	Y	C	E	W	G	C	Q	E	C
Y	C	Y	Z	Q	I	I	R	G	X	A	N	W	G	Q	F	O	Z	X
D	C	J	V	E	L	J	O	Q	J	I	R	X	H	T	E	A	Q	X
I	T	U	H	H	U	Y	L	M	G	K	O	T	S	U	G	V	P	V
Q	T	R	E	M	Z	Z	Q	D	U	D	Q	M	N	I	P	M	P	F
L	S	O	Z	B	S	R	N	C	Q	A	O	U	B	I	M	V	Q	J
J	R	N	V	R	Z	H	X	A	Q	L	X	K	M	T	E	H	K	W
F	I	J	S	C	D	M	Y	Z	L	W	V	Z	H	H	X	L	T	H
P	G	E	N	Y	U	U	I	R	C	G	L	W	B	Y	L	Q	G	C
P	G	V	N	D	Q	V	T	E	G	N	D	B	W	S	T	W	D	W
E	F	R	H	E	V	J	P	X	K	Z	D	D	H	W	K	U	M	B
S	H	X	Q	H	V	T	S	J	T	J	N	E	S	P	C	L	S	Q
L	A	P	C	M	M	L	O	P	E	R	W	W	X	S	N	L	G	P

12

GLANZ
EINTRACHT
HEIDENSPASS
SIEG
SCHENKUNG

FORTUNA
RUHM
FEIER
ERHEITERUNG
FROEHLICHKEIT

Lösung

H	P	O	P	R	C	N	X	L	N	Y	R	M	L	O	C	C	F	L
A	S	K	Q	Q	N	F	G	S	J	F	U	H	S	Z	R	N	O	V
R	Q	S	E	F	K	G	T	N	R	E	M	U	B	L	P	W	R	K
W	B	C	T	V	F	G	A	N	U	K	C	R	K	K	I	R	T	M
V	D	H	U	F	G	Z	Y	X	C	R	B	Q	S	V	B	N	U	R
N	J	E	L	M	Z	C	B	L	Y	H	E	S	I	S	S	F	N	T
M	O	N	S	R	U	Z	B	S	G	H	A	T	I	H	G	E	A	H
F	H	K	N	S	M	U	B	P	F	P	I	F	I	Z	X	I	W	E
F	V	U	J	F	O	G	L	Y	S	E	D	C	T	E	H	E	U	A
Q	Y	N	X	M	W	H	T	N	K	S	E	I	P	R	H	R	Q	V
B	S	G	D	A	H	B	E	H	F	C	I	R	J	M	R	R	K	A
M	L	S	P	X	A	D	C	H	C	Y	C	E	W	G	C	Q	E	C
Y	C	Y	Z	Q	I	I	R	G	X	A	N	W	G	Q	F	O	Z	X
D	C	J	V	E	L	J	O	Q	J	I	R	X	H	T	E	A	Q	X
I	T	U	H	H	U	Y	L	M	G	K	O	T	S	U	G	V	P	V
Q	T	R	E	M	Z	Z	Q	D	U	D	Q	M	N	I	P	M	P	F
L	S	O	Z	B	S	R	N	C	Q	A	O	U	B	I	M	V	Q	J
J	R	N	V	R	Z	H	X	A	Q	L	X	K	M	T	E	H	K	W
F	I	J	S	C	D	M	Y	Z	L	W	V	Z	H	H	X	L	T	H
P	G	E	N	Y	U	U	I	R	C	G	L	W	B	Y	L	Q	G	C
P	G	V	N	D	Q	V	T	E	G	N	D	B	W	S	T	W	D	W
E	F	R	H	E	V	J	P	X	K	Z	D	D	H	W	K	U	M	B
S	H	X	Q	H	V	T	S	J	T	J	N	E	S	P	C	L	S	Q
L	A	P	C	M	M	L	O	P	E	R	W	W	X	S	N	L	G	P

P	K	R	T	Q	Q	S	D	Q	T	H	N	D	Z	A	J	O	H	Q
M	D	C	N	Q	J	W	J	M	P	H	C	G	M	B	M	F	A	B
G	F	F	F	Z	B	R	E	Z	F	W	L	U	U	W	S	L	L	W
J	C	T	O	P	K	W	Z	L	K	D	Q	X	P	R	A	L	B	T
G	A	R	B	E	I	T	S	F	R	E	U	D	E	N	Q	P	N	H
X	K	K	Q	J	I	Z	P	C	A	J	E	E	U	F	R	Z	O	C
A	B	Y	O	N	P	C	M	R	B	P	S	R	M	D	Q	R	I	A
F	Q	X	S	L	C	A	L	N	E	P	X	N	R	U	L	T	S	R
D	P	K	U	K	F	W	L	L	M	I	W	U	A	E	P	H	S	P
E	C	G	D	I	Z	H	G	O	X	Q	S	G	J	C	G	O	A	I
P	N	Z	R	T	A	E	F	I	S	A	L	U	G	Z	I	U	P	Y
X	H	E	A	J	Z	I	Y	O	Z	U	H	E	T	P	T	S	N	H
M	Q	X	I	R	H	M	Z	L	E	S	A	L	R	C	U	V	S	G
M	T	E	X	O	T	U	A	C	J	P	O	D	O	E	Q	E	Y	T
Z	R	V	D	V	B	H	K	X	F	M	K	U	X	Y	S	B	M	W
L	S	W	M	I	Y	S	E	L	U	T	J	G	J	J	X	J	P	L
L	L	Q	Z	M	S	L	H	I	S	R	F	J	T	G	E	J	M	T
D	I	U	I	T	Q	T	E	U	T	I	E	M	I	O	R	P	O	W
L	N	D	E	J	E	S	L	K	F	U	C	A	K	Q	C	E	S	F
I	F	R	L	D	W	M	X	T	F	Y	W	G	D	Z	M	E	A	L
U	N	L	G	W	T	E	Y	B	J	T	A	E	O	R	C	B	Z	G
X	B	N	E	G	E	U	N	G	R	E	V	U	K	Q	G	W	E	P
Q	R	J	H	Q	F	Q	B	L	I	E	H	G	G	E	D	E	K	S
B	Q	Y	Q	W	R	S	Q	D	U	K	K	I	G	E	D	N	L	D

13

VERGNUEGEN
ARBEITSFREUDE
HEIL
PREIS
LUST

ERREGUNG
PRACHT
GLUECKSSTERN
ZARTHEIT
PASSION

Lösung

P K R T Q Q S D Q T H N D Z A J O H Q
M D C N Q J W J M P H C G M B M F A B
G F F F Z B R E Z F W L U U W S L L W
J C T O P K W Z L K D Q X P R A L B T
G A R B E I T S F R E U D E N Q P N H
X K K Q J I Z P C A J E E U F R Z O C
A B Y O N P C M R B P S R M D Q R I A
F Q X S L C A L N E P X N R U L T S R
D P K U K F W L L M I W U A E P H S P
E C G D I Z H G O X Q S G J C G O A I
P N Z R T A E F I S A L U G Z I U P Y
X H E A J Z I Y O Z U H E T P T S N H
M Q X I R H M Z L E S A L R C U V S G
M T E X O T U A C J P O D O E Q E Y T
Z R V D V B H K X F M K U X Y S B M W
L S W M I Y S E L U T J G J J X J P L
L L Q Z M S L H I S R F J T G E J M T
D I U I T Q T E U T I E M I O R P O W
L N D E J E S L K F U C A K Q C E S F
I F R L D W M X T F Y W G D Z M E A L
U N L G W T E Y B J T A E O R C B Z G
X B N E G E U N G R E V U K Q G W E P
Q R J H Q F Q B L I E H G G E D E K S
B Q Y Q W R S Q D U K K I G E D N L D

X	D	X	Z	Q	G	Z	U	O	T	T	U	U	D	I	Z	U	W	O
I	T	L	F	X	P	J	T	V	R	U	Q	E	M	X	K	A	L	R
W	Z	P	K	T	V	P	P	T	C	R	J	D	M	A	M	W	Q	I
B	L	M	G	D	U	E	D	T	E	V	X	J	T	X	X	F	H	X
F	A	N	G	O	V	C	O	I	E	X	E	X	P	O	V	A	R	B
Q	U	M	S	W	X	Z	E	E	S	K	J	L	I	Q	R	B	D	G
O	S	J	B	G	J	G	H	K	C	T	E	B	E	M	W	A	N	I
J	S	I	Q	X	A	J	R	H	I	Z	L	Y	O	G	F	T	V	W
G	U	M	K	R	G	I	U	C	H	U	C	N	C	S	A	S	Q	J
L	N	R	Y	Y	V	X	N	I	G	K	I	W	B	C	G	N	J	Y
L	E	U	M	D	M	H	G	L	J	E	B	O	F	H	Z	B	Z	F
B	G	T	R	N	J	P	Q	R	S	C	K	H	D	M	T	T	V	Y
V	H	S	D	E	K	N	R	R	U	N	C	L	Z	I	G	N	L	B
H	C	N	A	J	T	Z	T	E	U	O	Q	G	H	L	U	E	R	I
Y	O	E	Z	U	T	S	N	H	L	T	J	E	N	L	Y	C	O	S
D	H	D	N	V	C	Q	I	D	R	E	J	F	A	W	Z	O	Y	S
O	Q	U	V	J	L	M	S	E	G	V	N	A	A	U	I	U	X	L
C	M	E	J	U	X	E	E	F	G	H	B	L	G	D	D	T	R	L
A	K	R	P	V	Y	C	N	R	L	E	R	L	N	F	D	O	E	F
K	G	F	D	T	F	Z	A	J	L	M	B	E	T	M	P	A	N	I
T	E	B	F	P	Q	R	L	N	V	F	M	N	C	D	P	K	Q	V
X	D	G	B	B	B	E	T	R	Q	G	U	D	D	I	Z	U	H	G
E	M	K	Z	S	M	F	U	I	T	D	H	B	U	I	E	X	P	G
Q	E	D	A	T	W	J	G	H	N	E	I	J	H	K	X	U	L	D

WOHLGEFALLEN
HERRLICHKEIT
BEGEISTERUNG
HIT
HOCHGENUSS
FREUDENSTURM
EHRUNG
HARMONIE
FANG
ELEGANZ

Lösung

X D X Z Q G Z U O T T U U D I Z U W O

I T L F X P J T V R U Q E M X K A L R

W Z P K T V P P T C R J D M A M W Q I

B L M G D U E D T E V X J T X X F H X

F A N G O V C O I E X E X P O V A R B

Q U M S W X Z E E S K J L I Q R B D G

O S J B G J G H K C T E B E M W A N I

J S I Q X A J R H I Z L Y O G F T V W

G U M K R G I U C H U C N C S A S Q J

L N R Y Y V X N I G K I W B C G N J Y

L E U M D M H G L J E B O F H Z B Z F

B G T R N J P Q R S C K H D M T T V Y

V H S D E K N R R U N C L Z I G N L B

H C N A J T Z T E U O Q G H L U E R I

Y O E Z U T S N H L T J E N L Y C O S

D H D N V C Q I D R E J F A W Z O Y S

O Q U V J L M S E G V N A A U I U X L

C M E J U X E E F G H B L G D D T R L

A K R P V Y C N R L E R L N F D O E F

K G F D T F Z A J L M B E T M P A N I

T E B F P Q R L N V F M N C D P K Q V

X D G B B B E T R Q G U D D I Z U H G

E M K Z S M F U I T D H B U I E X P G

Q E D A T W J G H N E I J H K X U L D

R	A	M	F	E	C	Z	H	M	J	U	Y	U	B	J	A	P	C	A
J	M	Y	P	D	W	T	M	I	A	J	W	A	Z	K	A	K	N	Y
K	U	K	C	C	W	F	T	K	M	B	Y	M	Q	A	U	C	N	P
N	E	S	C	O	M	E	B	A	C	K	E	L	W	J	S	R	O	H
R	S	N	N	R	Y	Y	K	F	T	D	N	E	I	Q	S	W	L	D
B	E	G	I	S	Z	O	D	Q	F	U	H	X	Z	G	T	J	S	Y
U	M	W	I	W	L	M	A	K	E	A	W	N	B	G	R	B	T	B
R	E	N	W	H	G	N	B	N	F	R	K	B	E	J	A	I	I	K
G	N	R	E	K	Z	M	X	V	E	H	U	Z	I	V	H	L	L	Z
Q	T	Q	M	J	U	Z	Q	C	R	N	Q	R	F	Q	L	Q	V	T
J	K	S	S	U	N	E	G	N	N	I	S	H	A	P	U	C	Z	I
J	K	I	M	Q	A	N	V	P	G	F	V	D	L	H	N	E	I	E
Z	Y	D	U	J	H	I	Q	F	T	M	D	Y	L	G	G	D	T	K
S	S	M	C	P	C	C	J	W	J	R	H	S	L	T	K	P	W	R
Y	Q	A	J	B	R	S	I	S	R	R	B	O	M	W	V	D	O	E
H	C	J	C	L	S	Y	J	L	Q	Z	R	C	A	M	R	G	S	T
Y	H	L	F	J	Q	D	H	S	H	I	I	Q	C	J	J	G	C	I
W	V	G	O	T	M	J	U	V	E	E	D	S	R	O	J	W	H	E
A	N	T	H	I	X	X	Q	H	W	K	O	Q	V	P	O	Z	W	H
H	T	X	O	Q	H	L	O	X	Z	F	Y	R	V	K	Y	Q	U	L
B	S	W	S	P	I	I	U	F	J	I	E	D	F	C	G	S	N	L
I	G	X	T	Q	T	U	M	E	T	E	W	C	Q	A	H	A	G	W
J	O	F	V	F	G	G	J	Y	Q	Y	X	P	L	T	F	U	J	I
J	A	U	M	T	T	O	C	O	O	Y	S	T	V	Y	B	S	E	M

15

AUSSTRAHLUNG
HEITERKEIT
FROEHLICH
SCHWUNG
STIL

SINNGENUSS
COMEBACK
BEIFALL
AMUESEMENT
GLORIE

Lösung

R	A	M	F	E	C	Z	H	M	J	U	Y	U	B	J	A	P	C	A
J	M	Y	P	D	W	T	M	I	A	J	W	A	Z	K	A	K	N	Y
K	U	K	C	C	W	F	T	K	M	B	Y	M	Q	A	U	C	N	P
N	E	S	C	O	M	E	B	A	C	K	E	L	W	J	S	R	O	H
R	S	N	N	R	Y	Y	K	F	T	D	N	E	I	Q	S	W	L	D
B	E	G	I	S	Z	O	D	Q	F	U	H	X	Z	G	T	J	S	Y
U	M	W	I	W	L	M	A	K	E	A	W	N	B	G	R	B	T	B
R	E	N	W	H	G	N	B	N	F	R	K	B	E	J	A	I	I	K
G	N	R	E	K	Z	M	X	V	E	H	U	Z	I	V	H	L	L	Z
Q	T	Q	M	J	U	Z	Q	C	R	N	Q	R	F	Q	L	Q	V	T
J	K	S	S	U	N	E	G	N	N	I	S	H	A	P	U	C	Z	I
J	K	I	M	Q	A	N	V	P	G	F	V	D	L	H	N	E	I	E
Z	Y	D	U	J	H	I	Q	F	T	M	D	Y	L	G	G	D	T	K
S	S	M	C	P	C	C	J	W	J	R	H	S	L	T	K	P	W	R
Y	Q	A	J	B	R	S	I	S	R	R	B	O	M	W	V	D	O	E
H	C	J	C	L	S	Y	J	L	Q	Z	R	C	A	M	R	G	S	T
Y	H	L	F	J	Q	D	H	S	H	I	I	Q	C	J	J	G	C	I
W	V	G	O	T	M	J	U	V	E	E	D	S	R	O	J	W	H	E
A	N	T	H	I	X	X	Q	H	W	K	O	Q	V	P	O	Z	W	H
H	T	X	O	Q	H	L	O	X	Z	F	Y	R	V	K	Y	Q	U	L
B	S	W	S	P	I	I	U	F	J	I	E	D	F	C	G	S	N	L
I	G	X	T	Q	T	U	M	E	T	E	W	C	Q	A	H	A	G	W
J	O	F	V	F	G	G	J	Y	Q	Y	X	P	L	T	F	U	J	I
J	A	U	M	T	T	O	C	O	O	Y	S	T	V	Y	B	S	E	M

J K Y F U T W R Y T A A A M P S Z A D
I V P T W W Y S F L F P I T W O G J N
W R F V L W N J J T K E Z A J R H Z H
T F V P D O M E A E W N K H I D C P U
P D T V J C Q R K N Y G E L I N G E N
T C D Y N T X I S C S H P Z A P L J J
S M U E U Z S E A B O Q X Q W D L R G
Q R K D D Z U I L X O L F E M W C E O
H V W N D J E F W D X K H X M E M T U
H W F Q Q O L B R D V O I O L H R T T
G G Q Z V W T E F I N U V R R G R U U
J E N Z X Z S U P I E C A B U F R N S
A V S U U E E G L U N D O P U G L G G
S O Z C W C Q A X A P S E N S I E P R
P M O U H H Q T O E N N C N E J T U Y
I U V H M E C F M V I A D W H A Q L J
E S R G W H N S I I B B Z H N E K M Q
V T E O I E D K F N G R U M K U I U K
K M E B Z O R Z Y U U Q U C C O R T C
X J N Z N N X Y E K A T V C Z Y V E Q
Y J M I O X D C L F T Q L P O M V Y W
J R R F M L I V L N F F J I T N T T F
Y H A W P X F K G E N U S S M P G N Z
I D F E E V L T F N H O J G Y F T J X

16

ZUFRIEDENHEIT
GESCHENK
AUFSCHWUNG
GELINGEN
ANMUT
NIVEAU
RETTUNG
KURZWEIL
GENUSS
FROHLOCKEN

Lösung

J	K	Y	F	U	T	W	R	Y	T	A	A	A	M	P	S	Z	A	D
I	V	P	T	W	W	Y	S	F	L	F	P	I	T	W	O	G	J	N
W	R	F	V	L	W	N	J	J	T	K	E	Z	A	J	R	H	Z	H
T	F	V	P	D	O	M	E	A	E	W	N	K	H	I	D	C	P	U
P	D	T	V	J	C	Q	R	K	N	Y	G	E	L	I	N	G	E	N
T	C	D	Y	N	T	X	I	S	C	S	H	P	Z	A	P	L	J	J
S	M	U	E	U	Z	S	E	A	B	O	Q	X	Q	W	D	L	R	G
Q	R	K	D	D	Z	U	I	L	X	O	L	F	E	M	W	C	E	O
H	V	W	N	D	J	E	F	W	D	X	K	H	X	M	E	M	T	U
H	W	F	Q	Q	O	L	B	R	D	V	O	I	O	L	H	R	T	T
G	G	Q	Z	V	W	T	E	F	I	N	U	V	R	R	G	R	U	U
J	E	N	Z	X	Z	S	U	P	I	E	C	A	B	U	F	R	N	S
A	V	S	U	U	E	E	G	L	U	N	D	O	P	U	G	L	G	G
S	O	Z	C	W	C	Q	A	X	A	P	S	E	N	S	I	E	P	R
P	M	O	U	H	H	Q	T	O	E	N	N	C	N	E	J	T	U	Y
I	U	V	H	M	E	C	F	M	V	I	A	D	W	H	A	Q	L	J
E	S	R	G	W	H	N	S	I	I	B	B	Z	H	N	E	K	M	Q
V	T	E	O	I	E	D	K	F	N	G	R	U	M	K	U	I	U	K
K	M	E	B	Z	O	R	Z	Y	U	U	Q	U	C	C	O	R	T	C
X	J	N	Z	N	N	X	Y	E	K	A	T	V	C	Z	Y	V	E	Q
Y	J	M	I	O	X	D	C	L	F	T	Q	L	P	O	M	V	Y	W
J	R	R	F	M	L	I	V	L	N	F	F	J	I	T	N	T	T	F
Y	H	A	W	P	X	F	K	G	E	N	U	S	S	M	P	G	N	Z
I	D	F	E	E	V	L	T	F	N	H	O	J	G	Y	F	T	J	X

T	S	F	R	O	H	M	U	T	X	S	J	O	I	N	G	S	D	I
V	C	X	Z	H	S	D	Z	E	S	P	T	M	X	K	H	H	V	L
O	H	N	P	Y	S	L	L	Z	O	N	I	I	Z	F	C	R	D	Q
L	O	A	L	Q	A	F	E	X	P	U	C	W	M	G	C	R	Z	F
L	E	D	E	U	P	N	C	B	O	U	T	H	L	M	V	Q	A	W
E	N	M	B	Y	S	G	A	C	U	D	G	Q	V	K	U	P	K	X
N	H	U	E	H	Y	S	A	F	V	J	A	N	X	X	Y	N	J	F
D	E	X	N	J	V	J	K	G	O	U	Z	W	C	N	J	J	G	W
U	I	O	S	A	U	G	W	N	F	A	F	X	P	O	C	L	I	P
N	T	C	F	H	L	N	O	A	V	U	F	I	U	I	V	Z	M	H
G	K	X	R	F	Y	U	T	W	V	U	B	E	Q	A	F	F	V	A
U	F	G	E	O	G	U	Y	H	K	W	J	C	U	E	F	F	F	Q
X	L	A	U	G	T	T	V	C	T	J	C	G	W	N	B	Z	S	F
Q	A	B	D	A	C	G	N	S	G	A	A	D	Y	N	Z	W	G	Y
W	D	L	E	I	T	U	O	R	S	R	G	F	N	U	K	Y	Y	S
N	Z	E	M	F	T	N	P	E	K	N	W	N	A	M	D	V	T	I
U	V	A	S	R	X	E	V	B	L	E	D	U	I	Z	J	M	M	S
Q	T	L	D	N	J	G	O	E	W	E	D	M	D	I	N	H	G	O
B	Y	U	H	O	Z	O	I	U	W	N	U	H	J	Y	W	O	G	D
B	Q	V	Y	K	H	Y	T	Z	Y	J	T	A	G	T	T	C	D	C
T	U	F	E	O	S	Y	X	T	A	B	M	T	A	U	H	J	S	A
Z	Z	E	V	M	D	G	A	J	G	L	P	M	X	P	I	Z	X	B
U	E	E	C	U	J	T	P	W	O	L	A	W	Z	X	J	M	L	R
T	X	R	K	S	Y	J	M	H	U	Z	N	E	B	E	L	F	U	A

17

SCHOENHEIT
FROHMUT
GENUGTUUNG
JUBEL
AUFLEBEN
STIMMUNG
LEBENSFREUDE
SPASS
UEBERSCHWANG
VOLLENDUNG

Lösung

T S F R O H M U T X S J O I N G S D I
V C X Z H S D Z E S P T M X K H H V L
O H N P Y S L L Z O N I I Z F C R D Q
L O A L Q A F E X P U C W M G C R Z F
L E D E U P N C B O U T H L M V Q A W
E N M B Y S G A C U D G Q V K U P K X
N H U E H Y S A F V J A N X X Y N J F
D E X N J V J K G O U Z W C N J J G W
U I O S A U G W N F A F X P O C L I P
N T C F H L N O A V U F I U I V Z M H
G K X R F Y U T W V U B E Q A F F V A
U F G E O G U Y H K W J C U E F F F Q
X L A U G T T V C T J C G W N B Z S F
Q A B D A C G N S G A A D Y N Z W G Y
W D L E I T U O R S R G F N U K Y Y S
N Z E M F T N P E K N W N A M D V T I
U V A S R X E V B L E D U I Z J M M S
Q T L D N J G O E W E D M D I N H G O
B Y U H O Z O I U W N U H J Y W O G D
B Q V Y K H Y T Z Y J T A G T T C D C
T U F E O S Y X T A B M T A U H J S A
Z Z E V M D G A J G L P M X P I Z X B
U E E C U J T P W O L A W Z X J M L R
T X R K S Y J M H U Z N E B E L F U A

L	H	Z	F	O	W	T	T	O	R	P	E	Y	N	B	I	U	W	F
I	D	M	S	Y	A	S	Z	C	B	L	V	C	C	F	B	O	D	I
C	P	Q	V	R	D	E	E	S	K	T	Y	T	E	S	H	V	G	N
X	K	K	J	Y	S	D	L	C	R	O	D	N	J	L	N	N	T	Q
W	K	Z	I	L	R	E	M	M	N	T	W	S	B	F	T	F	C	T
Z	N	C	I	R	K	S	A	F	D	D	X	E	T	X	C	Z	C	J
G	N	U	G	I	T	S	U	L	E	B	F	J	H	T	N	F	G	N
V	Z	R	M	P	J	Y	T	P	J	I	X	F	K	N	E	N	I	I
K	Y	K	Z	S	T	K	Y	P	N	X	Y	S	F	R	U	Q	B	L
L	E	I	S	T	U	N	G	D	B	B	C	J	W	G	N	W	L	A
H	O	X	L	N	X	I	E	F	C	O	Q	C	I	A	X	A	K	U
E	S	A	P	J	R	N	H	I	O	U	B	D	D	E	W	Q	T	S
K	C	V	Q	H	H	T	C	V	J	C	E	W	T	H	E	K	E	G
W	O	L	P	M	H	H	I	J	G	I	R	D	C	C	O	R	L	E
H	R	Q	I	W	G	A	I	D	R	F	W	S	S	Y	X	I	E	L
Q	H	Z	I	P	J	L	R	F	H	M	R	T	S	J	N	A	E	A
S	C	U	T	P	Q	W	E	R	C	E	X	X	S	W	S	V	N	S
Y	O	G	L	U	S	B	U	Q	B	B	W	W	L	N	T	N	Q	S
I	S	S	M	D	H	W	G	E	Z	B	R	P	S	T	U	R	U	E
Y	I	C	A	Q	I	C	U	A	M	K	R	R	M	L	J	G	A	N
M	Z	Z	B	O	S	G	S	F	V	V	A	N	A	I	Z	O	V	H
D	E	K	G	B	K	C	U	K	F	L	G	U	A	S	O	W	O	E
G	I	N	F	B	E	J	W	N	D	M	X	Y	K	N	U	E	R	I
E	V	T	O	I	A	G	B	C	G	J	E	K	S	T	A	S	E	T

BELUSTIGUNG
EKSTASE
GUNST
HULDIGUNG
LEISTUNG
SCHUTZ
UEBERSCHWALL
WOHLBEFINDEN
BEFRIEDIGUNG
AUSGELASSENHEIT

Lösung

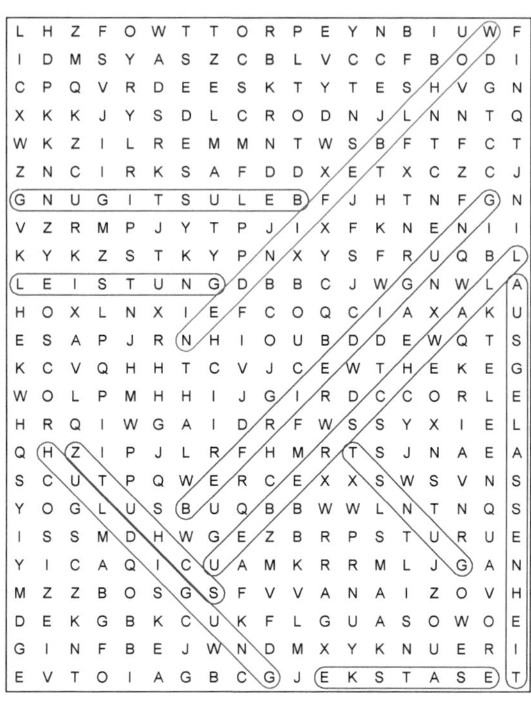

DAS

LIEBESZITATE

WORTSUCHRÄTSEL BUCH

K	G	V	X	A	T	S	Q	D	Y	W	B	F	U	P	S	R	X	Z
Q	N	H	W	K	T	H	I	R	O	G	N	Q	J	S	B	K	M	C
F	A	N	S	Q	U	U	D	A	B	R	F	M	B	O	X	I	U	H
R	M	V	L	S	L	N	Q	K	W	R	U	I	E	J	M	K	W	U
P	A	O	N	X	J	O	I	N	E	H	O	V	U	M	Z	S	G	N
F	P	O	T	B	J	H	Y	I	A	T	M	D	E	P	V	F	O	Q
V	T	D	X	Y	S	C	T	Z	N	V	X	R	S	D	C	Y	E	A
A	K	I	P	X	M	H	V	B	V	Q	F	N	A	Y	E	H	S	F
M	L	N	N	O	W	Q	M	I	B	H	N	R	B	E	D	F	E	N
V	L	A	L	Y	X	Q	Z	X	K	C	E	U	R	U	Z	K	A	O
E	Z	P	G	W	U	M	N	N	S	Y	C	M	Y	Y	G	X	S	Z
K	Q	D	D	X	S	A	T	U	X	W	K	M	S	J	S	T	K	E
I	T	N	Z	I	T	L	L	F	T	B	T	G	T	M	J	V	B	N
D	T	A	D	U	Z	S	I	C	S	T	S	M	M	T	M	Z	S	Z
J	X	W	N	O	G	W	V	P	B	E	T	X	M	W	Z	E	M	I
E	L	U	Z	O	J	E	J	N	E	O	E	D	D	O	P	Y	P	A
P	A	K	T	E	X	V	H	J	I	V	G	Q	V	O	K	X	J	L
H	S	U	X	V	Z	V	U	O	L	D	A	G	D	B	I	W	R	C
D	S	C	I	U	O	F	K	J	E	L	I	C	J	G	F	C	K	P
G	J	V	W	Q	D	X	J	G	D	R	W	R	X	O	R	Y	J	G
U	D	H	N	L	J	J	L	G	S	Z	T	B	O	B	B	N	S	Q
K	R	B	K	F	G	L	N	R	E	F	O	M	V	G	E	A	M	A
S	Z	B	Y	Y	S	W	V	A	U	V	B	D	K	C	W	X	L	O
R	F	K	R	E	U	F	R	L	X	D	F	P	U	E	W	B	J	I

(Konfuzius)

WAS
DU
LIEBST
LASS
FREI

KOMMT
ES
ZURUECK

GEHOERT
ES
DIR
FUER
IMMER

X	L	S	E	E	G	D	M	S	X	V	S	A	M	B	A	F	E	T
Y	X	P	J	X	T	M	T	T	D	R	S	M	Y	L	M	M	P	U
P	T	K	H	B	R	Q	E	A	K	L	S	N	L	R	W	D	M	X
P	S	T	C	T	E	Z	A	N	V	I	K	G	D	L	L	T	Y	I
V	E	I	E	S	Q	D	C	T	S	E	A	N	V	Q	H	S	B	E
J	P	Y	K	U	V	H	J	Q	J	D	N	M	R	U	W	V	V	E
F	Z	S	S	A	D	J	H	S	R	C	W	B	F	T	Q	H	T	A
X	O	G	P	K	S	C	H	W	I	N	D	E	T	I	A	C	B	W
F	K	Q	B	P	G	H	U	T	H	L	I	B	F	Z	B	O	Q	D
T	V	R	N	R	X	J	P	S	B	P	S	T	A	P	L	I	K	D
A	B	K	Z	I	Y	L	W	K	J	Q	T	M	B	O	N	C	L	U
L	V	Z	A	G	N	Q	T	V	X	C	Q	I	S	N	M	K	E	A
J	Q	P	N	P	N	Q	J	M	Z	E	H	G	E	D	V	V	W	S
Q	G	Y	N	I	E	K	T	X	D	A	S	G	I	B	L	H	N	G
N	J	Q	Z	W	F	Y	D	L	A	L	J	J	O	H	A	S	J	F
H	M	J	J	I	T	M	M	U	T	S	R	E	V	Q	U	L	A	O
C	P	N	A	D	B	J	E	G	H	W	V	F	B	H	R	Q	L	P
S	F	K	G	K	H	G	I	O	M	I	M	S	F	L	D	F	E	U
N	T	I	E	B	E	I	L	S	J	A	I	L	E	C	K	O	J	E
E	S	D	L	D	J	Q	R	Y	G	V	H	E	Q	J	W	Y	T	T
W	I	J	O	B	G	N	L	J	L	Y	G	R	T	V	O	P	I	J
N	V	M	F	B	R	T	K	E	I	N	E	M	V	N	O	E	Q	R
M	H	G	D	C	D	J	P	D	R	G	R	Q	I	H	S	E	I	S
N	O	I	Y	T	P	L	E	X	I	L	I	E	B	E	Z	Z	Y	D

Adelbert von Chamisso

LIEBE IST KEIN SOLO

LIEBE IST EIN DUETT

SCHWINDET SIE BEI EINEM

VERSTUMMT DAS LIED

R	P	A	C	A	O	J	M	N	E	D	A	R	G	W	P	P	O	D
V	O	R	N	Z	J	T	G	H	I	Y	A	B	E	R	W	Q	U	V
T	B	E	M	I	W	K	M	Y	W	E	T	W	G	J	T	N	Z	E
S	C	I	D	K	S	K	N	X	M	N	U	J	T	H	I	O	U	K
T	C	K	N	U	B	L	M	H	K	X	Q	Z	X	X	W	V	Y	O
I	A	S	U	Y	E	J	L	A	L	E	K	M	M	P	L	G	Q	J
H	E	L	X	G	Q	K	O	G	P	C	F	P	A	I	M	H	W	I
O	E	Z	Q	G	G	Z	C	H	O	P	M	U	E	U	F	W	I	V
K	Z	Q	M	G	R	L	O	W	R	V	R	B	I	J	I	H	I	K
Y	H	L	A	F	N	A	F	U	L	C	E	M	M	Y	F	H	Y	F
G	S	N	P	H	J	D	H	K	I	Z	T	G	H	W	U	J	D	Q
Q	C	L	G	K	J	U	S	D	D	O	L	Y	H	M	O	X	M	E
A	H	M	Y	J	W	W	K	I	N	Q	A	Q	M	K	P	P	E	T
G	U	H	E	R	R	D	Y	J	E	D	F	O	L	N	D	N	N	K
R	E	C	V	O	M	L	R	T	S	X	C	A	H	A	L	E	I	L
J	T	M	V	Y	O	C	W	B	S	D	A	L	H	I	U	F	E	S
Q	Z	M	J	O	G	T	B	L	I	E	Z	L	R	C	R	Q	O	S
Q	T	M	G	U	A	D	I	X	W	Q	B	L	T	L	C	W	F	V
S	R	V	J	N	Z	E	B	V	E	C	O	S	E	E	Q	F	J	D
W	R	P	V	A	B	W	E	P	G	J	T	I	X	C	R	K	M	K
W	T	Y	S	E	P	X	V	X	H	S	M	H	R	M	U	J	O	A
P	J	J	C	T	Z	T	E	U	H	C	S	A	C	J	W	I	K	M
B	I	S	M	H	E	U	Y	L	O	L	U	G	Z	I	I	W	C	D
O	O	A	B	D	U	Z	F	P	G	B	V	O	G	J	N	B	E	I

Jeanne Moreau

ALTER
SCHUETZT
VOR
LIEBE
NICHT

ABER
LIEBE
SCHUETZT

BIS
ZU
EINEM
GEWISSEN
GRADE

VOR
ALTER

K	P	H	Z	C	Y	W	X	B	G	H	K	L	E	W	J	Y	F	Z
Z	I	Q	N	L	V	X	W	D	I	B	T	P	S	D	E	K	M	J
M	W	D	G	A	E	G	N	R	U	A	K	H	W	Q	H	L	R	X
U	G	C	B	B	F	R	H	O	T	Y	S	B	D	F	J	R	I	S
G	B	F	T	F	S	R	T	K	D	O	M	R	Z	I	Q	X	Q	V
A	P	M	W	M	Z	Z	S	A	N	Q	H	O	W	T	X	J	O	J
W	Y	O	K	T	U	I	T	D	A	B	H	Q	S	T	U	U	L	P
R	Y	D	I	E	M	U	L	E	S	M	N	N	G	O	N	R	Y	N
E	T	D	W	Y	K	S	C	T	B	P	S	I	J	G	H	Q	X	P
U	L	I	P	L	W	E	R	T	A	I	S	B	X	D	J	I	D	D
F	B	Z	B	L	B	Q	Y	L	O	Z	N	G	A	L	C	V	X	U
P	O	A	D	I	O	A	B	Y	A	K	Y	A	P	E	A	Q	W	Z
H	G	E	I	I	W	F	K	L	H	H	T	T	M	G	Z	E	M	H
N	W	V	J	L	E	M	L	R	H	U	E	M	N	I	P	E	O	S
R	S	Q	E	C	L	B	T	K	F	N	X	G	M	U	J	I	W	M
X	J	U	W	O	K	Z	K	W	E	S	M	B	N	O	P	D	D	T
V	R	X	R	K	J	Z	T	W	A	C	Z	B	J	I	K	Z	R	A
F	N	D	P	U	I	I	N	U	L	C	P	S	S	G	D	E	C	A
L	I	A	Z	G	F	B	E	T	Q	L	Z	B	S	L	F	M	B	R
F	R	V	U	U	K	L	C	H	H	D	L	I	U	Y	Q	Q	G	M
T	A	M	J	C	G	G	D	I	W	C	N	N	E	B	E	L	T	K
W	T	C	U	R	F	K	M	B	C	D	I	S	Y	E	W	S	T	T
O	E	C	X	I	Y	N	E	T	S	E	B	N	Y	N	K	J	N	E
I	N	S	M	R	F	N	Z	X	L	L	N	J	T	Z	R	N	I	V

Albert Einstein

DIE
BESTEN
DINGE
IM
LEBEN

SIND
NICHT
DIE

DIE
MAN
FUER
GELD
BEKOMMT

D	I	G	Z	K	K	E	M	Q	J	H	U	H	Q	O	K	Z	L	X
N	B	S	J	N	H	W	I	T	X	G	F	A	S	J	X	B	X	H
F	L	F	V	H	C	Q	E	X	L	N	X	X	N	Q	P	W	I	S
T	H	D	F	E	E	H	B	Z	K	K	A	U	V	D	I	I	H	N
W	D	Z	J	L	E	C	E	K	B	Q	T	T	P	Q	E	H	A	T
F	L	S	A	V	T	I	W	V	C	P	H	J	D	S	V	R	V	F
L	U	G	E	W	O	J	M	K	M	C	Z	J	A	M	Q	B	E	I
G	H	F	L	L	F	D	A	V	I	U	Q	J	U	W	D	C	S	N
V	C	G	L	K	L	X	M	N	E	R	K	Z	O	P	W	B	Q	V
W	S	G	I	M	U	F	Q	V	N	H	A	N	D	B	N	X	Z	B
F	O	C	C	V	Y	M	X	Q	A	Q	J	J	H	C	K	I	D	O
M	T	L	X	T	T	M	X	Y	Q	K	U	H	M	F	M	M	T	V
M	S	H	I	N	Z	L	V	U	N	M	Y	C	K	F	E	B	H	T
F	N	L	I	E	B	T	W	U	X	W	I	R	Y	L	F	J	C	P
V	A	Y	K	Q	C	N	B	X	X	M	A	N	S	W	E	B	U	J
R	M	E	M	R	S	E	J	W	J	Z	D	A	K	K	C	L	S	Q
G	M	U	L	U	C	Y	G	W	I	N	Y	P	H	C	I	S	T	M
C	H	D	W	T	L	F	V	G	F	H	I	D	B	Z	Z	U	B	L
H	T	J	M	X	E	W	X	B	Z	E	A	E	S	Z	J	J	J	V
B	W	R	B	R	G	K	G	D	G	I	F	H	F	E	G	A	T	Z
C	N	F	F	I	I	J	B	P	N	D	F	V	O	F	Z	X	S	A
M	S	V	B	B	O	V	K	O	R	Y	K	Z	N	R	G	N	I	P
X	J	H	P	D	I	R	Q	K	I	E	B	J	H	P	W	E	Q	F
O	X	V	C	N	C	Y	H	S	K	J	D	N	N	E	W	C	W	C

Richard Burton

WENN
MAN
LIEBT

SUCHT
MAN
DIE
SCHULD
BEI
SICH

NICHT
BEIM
ANDEREN

D	E	R	Z	W	Q	U	K	W	Z	O	T	X	B	R	J	K	P	U
V	A	B	I	H	Z	S	S	I	K	G	Y	H	G	U	F	W	I	X
P	I	G	G	Z	R	L	S	O	S	F	T	B	N	A	E	N	U	H
Y	M	Y	V	F	U	C	K	J	I	T	Z	T	S	I	K	G	T	D
U	S	H	Z	C	W	D	C	B	A	J	E	L	Z	R	S	X	U	Q
E	M	O	Z	K	Z	F	A	G	H	R	N	C	U	R	H	W	G	A
D	L	G	Q	W	T	Z	E	W	B	D	N	A	E	D	E	M	M	G
W	U	S	H	L	F	S	O	R	E	H	E	E	T	E	I	Y	Q	I
I	J	M	M	N	P	G	E	B	A	R	A	R	I	U	A	N	R	S
H	S	P	Y	R	M	C	J	J	S	R	D	G	V	N	R	D	B	S
I	C	L	A	J	H	V	V	P	V	M	S	E	N	C	Y	K	W	E
L	I	E	B	E	N	S	W	E	R	T	E	R	N	A	A	A	Y	U
T	C	T	N	K	O	R	H	U	U	M	S	N	Q	Y	U	R	U	L
H	F	N	B	H	F	D	V	I	B	B	P	L	X	H	W	I	O	F
U	P	A	D	D	C	W	T	Q	Y	B	B	X	X	D	D	B	C	R
M	I	D	V	I	W	V	B	Z	A	M	I	N	J	Z	C	R	O	E
D	P	K	E	K	G	B	W	W	A	W	H	W	S	L	S	M	Z	B
L	G	Y	I	W	A	T	V	J	G	J	Q	T	R	S	D	N	U	E
L	E	S	N	X	E	L	T	F	S	X	T	Z	N	I	U	C	A	U
X	E	L	C	Y	A	N	E	D	B	S	M	A	L	V	O	K	R	K
Z	Q	T	C	Y	F	F	N	G	Y	Q	G	R	C	S	J	V	I	H
M	X	F	R	I	B	K	T	F	N	X	T	B	A	P	H	F	V	P
D	L	R	C	O	W	A	X	C	M	Q	Q	A	C	P	G	A	E	P
K	C	I	R	T	W	C	R	M	P	M	C	W	G	R	I	L	B	I

Ingrid Bergman

DER
KUSS

IST
EIN
LIEBENSWERTER
TRICK
DER
NATUR

EIN
GESPRAECH
ZU
UNTERBRECHEN

WENN
WORTE
UEBERFLUESSIG
WERDEN

H	A	N	O	K	V	S	U	X	Z	L	G	P	I	G	X	R	P	F
S	Y	U	Z	E	C	D	Y	V	G	S	Z	A	R	O	J	T	Y	L
U	F	T	I	C	G	I	L	N	E	D	A	M	R	L	P	X	M	M
M	S	M	U	S	G	S	B	N	D	F	E	I	S	R	K	N	M	G
I	M	O	S	H	D	A	I	E	O	N	Y	P	G	B	R	O	A	C
O	Z	T	B	D	B	E	U	R	S	E	I	D	O	C	F	N	C	W
S	T	Y	E	A	Z	N	J	C	Z	I	J	H	Q	H	Z	R	U	I
C	B	R	D	C	H	E	H	W	J	N	R	W	V	E	M	K	T	E
N	F	L	W	E	H	E	L	L	P	Z	W	H	U	J	G	R	C	M
A	I	A	B	L	N	B	O	W	W	E	U	P	H	N	Z	S	K	T
P	M	N	Z	O	K	T	L	G	K	L	N	E	I	Y	V	X	B	F
H	K	E	R	S	A	D	S	M	G	H	B	M	B	O	Y	E	K	V
Z	Y	L	P	L	S	E	N	F	C	E	M	H	W	E	N	H	U	L
P	Q	L	L	R	I	Q	D	P	J	I	X	O	T	T	I	W	P	A
U	B	O	D	N	Z	J	N	L	Q	T	A	F	S	M	Z	L	U	X
S	G	W	P	A	G	J	Z	A	D	E	Q	C	R	L	M	Z	F	V
X	P	V	D	I	E		N	K	H	N	H	A	G	O	Y	Z	G	W
W	S	W	N	D	Z	V	P	P	Y	L	E	L	E	E	J	M	O	N
B	E	J	A	H	E	N	M	X	U	N	O	G	Y	V	Q	S	T	U
X	U	N	M	H	H	A	A	S	Q	C	E	Q	E	G	I	B	N	J
O	D	C	S	S	Q	U	S	N	O	N	M	N	O	R	K	R	B	R
C	C	E	W	X	D	T	L	Z	M	Y	D	T	M	R	A	T	U	C
A	U	I	T	P	F	M	F	Z	S	A	W	C	S	E	A	P	E	H
O	F	C	S	L	D	T	U	U	V	E	Y	H	I	Q	T	G	L	J

Otto Flake

LIEBE
IST
DER
ENTSCHLUSS

DAS
GANZE
EINES
MENSCHEN
ZU
BEJAHEN

DIE
EINZELHEITEN
MOEGEN
SEIN
WIE
SIE
WOLLEN

S	A	G	E	P	G	L	L	P	I	I	F	O	Y	U	R	J	H	V
O	V	Z	L	O	A	R	H	U	V	O	P	X	E	X	P	B	X	H
N	O	J	S	T	H	V	R	N	A	M	N	G	I	Z	Z	W	A	R
D	S	E	F	E	Y	K	B	C	R	C	Y	Q	N	E	Q	N	M	I
E	W	O	O	T	O	F	N	M	Q	Z	X	A	I	M	D	K	H	W
R	G	Y	L	Z	I	J	C	Z	B	R	F	N	Z	E	T	H	K	D
N	Q	E	E	S	L	E	H	B	L	N	I	O	L	F	D	C	K	X
T	Z	W	B	L	G	O	R	I	M	E	T	S	L	Z	H	R	F	G
L	N	V	E	Y	Q	N	E	B	G	H	B	J	T	Y	W	H	A	D
H	R	D	I	D	G	B	U	L	A	M	A	K	F	G	L	F	Q	X
K	H	A	L	I	E	D	M	G	I	E	A	U	A	G	F	S	Y	E
V	E	A	R	Y	S	I	M	K	N	N	G	L	F	E	Z	F	W	P
H	G	N	H	H	X	R	E	H	N	I	A	F	Y	S	C	I	Z	G
X	H	X	H	U	Y	I	S	C	F	C	D	F	B	L	L	H	F	N
L	I	J	E	J	N	D	W	P	K	R	T	E	K	P	Q	V	R	C
W	E	N	N	E	G	F	M	W	M	A	N	S	B	Y	K	E	W	Z
R	T	R	Y	A	J	T	T	N	S	T	L	P	T	T	H	S	R	R
C	H	A	L	R	Y	R	E	G	J	F	B	W	B	Q	H	N	D	S
W	C	W	X	O	I	J	E	F	W	M	B	S	L	F	E	Z	F	V
E	I	Y	X	X	O	Z	X	A	H	G	N	C	J	B	R	J	G	W
V	N	W	R	N	G	T	B	M	T	R	G	E	E	G	X	W	C	O
P	P	F	L	E	X	B	E	E	V	O	Q	G	F	E	X	O	P	D
C	E	U	G	G	W	Y	O	H	W	R	Z	D	U	N	D	T	G	C
Y	L	F	D	K	Z	H	B	E	P	G	R	G	Y	I	N	P	B	U

Emma Goldman

WENN
MAN
LIEBE
NICHT
BEDINGUNGSLOS
GEBEN
UND
NEHMEN
KANN
IST
ES
KEINE
LIEBE
SONDERN
EIN
HANDEL

B	Z	R	K	X	S	I	T	Y	D	P	U	A	K	M	B	K	L	N
U	I	S	T	J	J	S	J	N	L	Z	H	Z	K	D	B	K	M	E
V	K	A	S	G	E	V	A	L	B	O	J	G	Q	H	J	X	P	F
O	D	L	I	M	D	O	X	N	I	L	X	M	V	S	D	S	I	Z
I	I	S	R	S	K	S	G	S	O	E	K	Y	B	V	E	F	Y	Y
B	C	R	D	K	O	J	A	X	I	G	B	O	O	M	A	C	A	Q
I	Y	Z	E	A	A	U	T	S	J	I	E	E	K	L	X	H	Q	W
Q	C	I	W	T	E	C	T	N	F	U	V	S	I	G	U	M	W	V
W	A	S	S	Y	B	O	Y	I	E	M	Y	E	Z	W	O	U	W	G
R	Z	L	L	Z	F	P	O	O	A	M	Q	M	Z	T	N	Y	Z	S
R	I	R	O	K	U	C	M	N	S	G	M	M	E	Q	X	O	E	Q
V	C	E	W	V	P	L	N	W	K	W	W	O	V	K	L	B	D	O
I	D	A	S	A	C	Q	S	P	V	Z	A	A	K	D	X	X	Q	B
S	O	N	D	E	R	N	M	A	N	E	J	S	N	E	K	A	L	S
I	O	O	Y	Q	G	H	J	V	U	Z	R	K	Q	R	B	V	L	N
B	O	A	F	S	O	D	H	X	I	D	P	W	C	E	D	X	L	E
V	C	R	G	O	G	S	N	Z	A	E	K	B	A	V	M	R	E	B
L	N	I	C	H	T	A	C	D	M	D	V	U	Q	R	V	G	S	E
D	W	F	M	J	N	B	R	Q	U	T	R	Z	W	P	T	J	A	G
D	U	M	H	H	H	O	E	F	N	Y	U	B	J	K	T	E	D	A
N	R	V	F	R	L	D	T	R	B	H	W	T	U	R	R	F	T	J
F	P	N	D	P	N	D	P	A	E	K	P	Y	C	Q	G	N	N	F
Z	C	P	L	G	F	N	V	V	T	I	A	F	L	A	P	D	G	O
H	X	U	E	Q	T	T	J	U	A	M	T	T	N	O	U	Q	L	N

Katharine Hepburn

LIEBE
IST
NICHT
DAS

WAS
MAN
ERWARTET
ZU
BEKOMMEN

SONDERN
DAS

WAS
MAN
BEREIT
IST
ZU
GEBEN

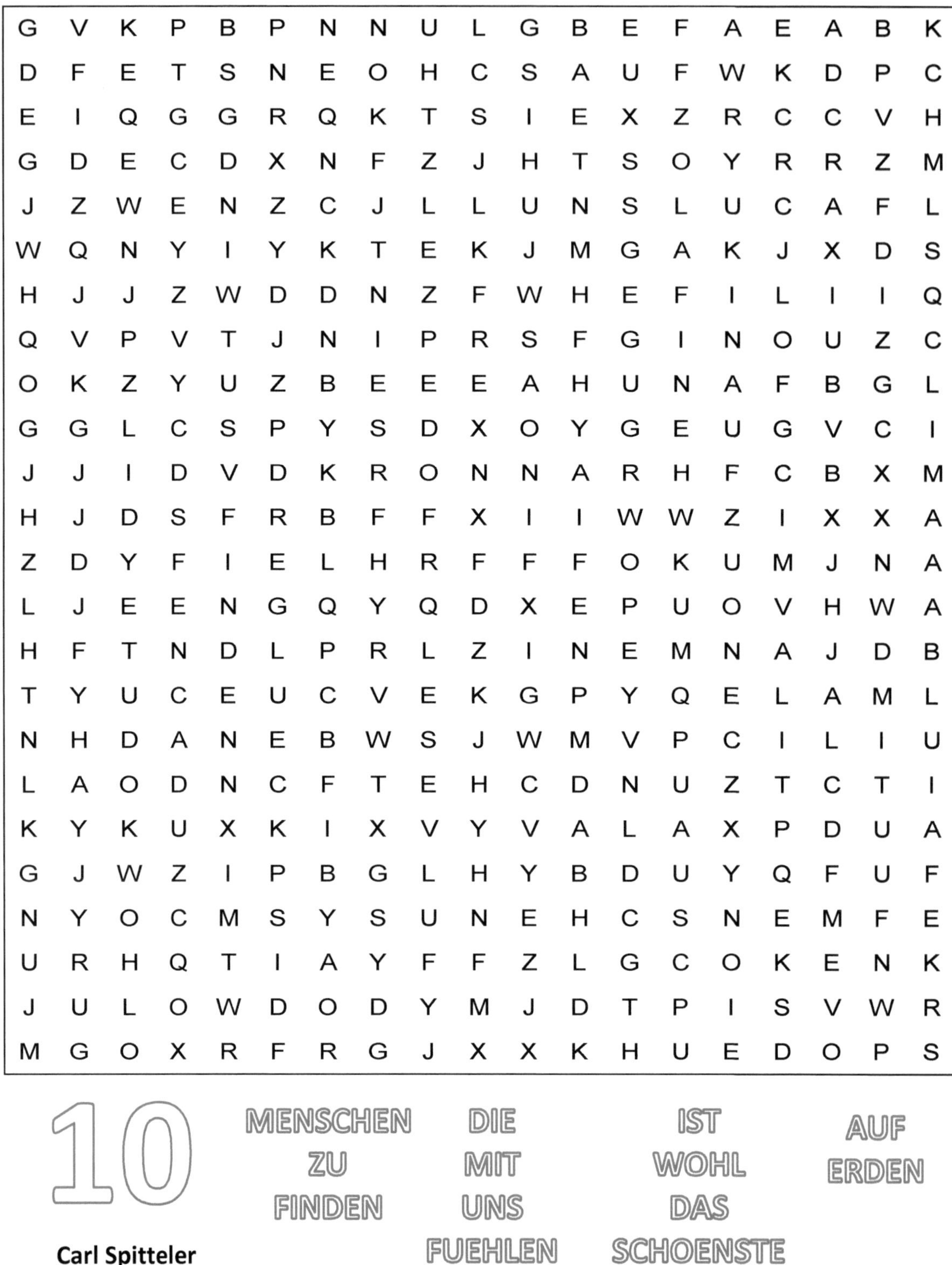

10

MENSCHEN
ZU
FINDEN

DIE
MIT
UNS
FUEHLEN
UND
EMPFINDEN

IST
WOHL
DAS
SCHOENSTE
GLUECK

AUF
ERDEN

Carl Spitteler

K	Y	G	A	S	F	N	K	O	O	L	W	M	B	A	H	F	U	K
Q	U	A	H	X	I	N	O	E	T	M	B	X	G	K	V	T	V	V
U	Y	L	Q	C	E	A	C	A	S	T	Z	E	G	T	I	O	Y	I
W	J	C	H	G	P	K	A	A	S	E	C	I	N	G	P	A	S	N
H	G	T	M	S	F	Y	H	J	L	E	R	T	Y	B	P	P	O	A
R	S	X	L	G	H	O	S	Q	Y	M	W	E	X	E	O	G	E	G
M	A	C	Z	O	P	L	W	Q	Q	I	P	L	D	Z	C	E	L	U
R	R	E	E	E	D	W	A	S	I	U	Y	L	H	N	U	K	P	V
C	E	R	B	A	A	E	T	R	X	D	U	J	S	G	A	P	D	W
I	K	I	E	V	X	Y	Q	X	I	D	S	E	E	N	C	U	T	F
W	U	Z	I	D	V	U	G	V	F	W	Z	I	H	R	F	E	U	W
H	X	D	L	N	N	M	L	G	S	A	J	A	I	X	W	G	W	L
K	H	S	N	P	D	A	U	G	T	J	T	P	B	S	P	L	G	M
T	X	O	P	K	K	W	A	B	L	W	P	M	X	X	T	J	E	N
W	G	S	C	U	G	W	W	Y	W	S	Y	X	Y	H	V	D	M	U
L	L	N	R	N	R	D	P	C	Q	H	U	K	K	Y	S	M	X	S
T	I	G	O	O	Z	L	N	F	L	D	D	L	B	V	S	N	D	T
M	T	H	C	I	L	K	C	E	U	L	G	Z	H	G	S	Y	A	V
G	N	Z	S	H	F	C	W	B	S	Q	N	H	K	J	R	O	A	K
O	E	J	S	A	Z	N	O	O	E	N	L	E	N	G	B	E	X	X
U	N	C	X	T	F	J	B	D	W	Z	P	O	B	M	U	X	W	D
P	D	L	N	S	N	D	A	W	O	D	N	M	U	E	W	X	H	R
O	M	V	F	I	Y	V	X	Z	B	I	L	S	H	U	I	K	L	N
F	G	L	U	E	C	K	R	P	K	L	I	S	L	H	F	L	I	J

GLUECK IST LIEBE

NICHTS ANDERES

WER LIEBEN KANN

IST GLUECKLICH

Hermann Hesse

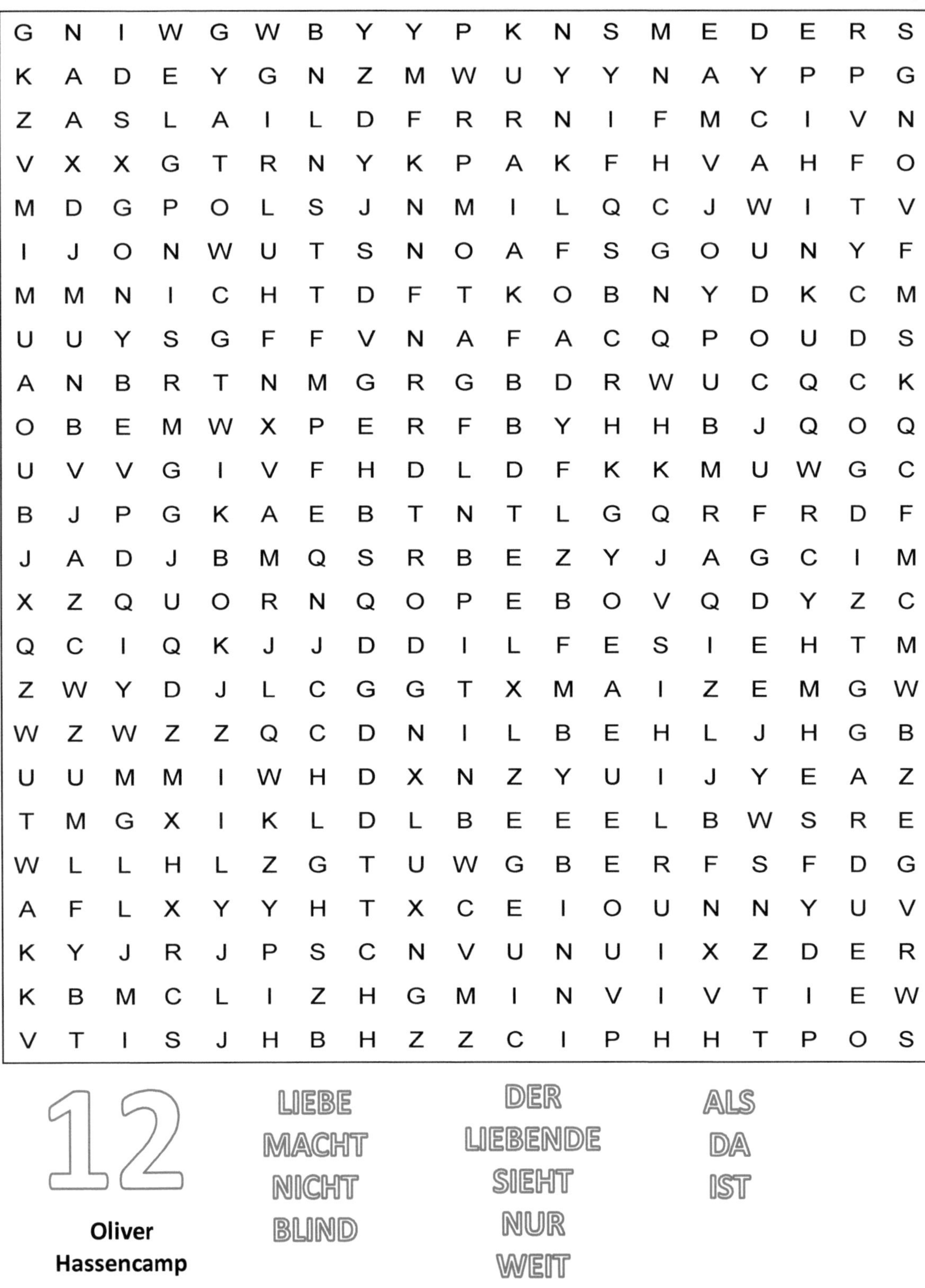

G	N	I	W	G	W	B	Y	Y	P	K	N	S	M	E	D	E	R	S
K	A	D	E	Y	G	N	Z	M	W	U	Y	Y	N	A	Y	P	P	G
Z	A	S	L	A	I	L	D	F	R	R	N	I	F	M	C	I	V	N
V	X	X	G	T	R	N	Y	K	P	A	K	F	H	V	A	H	F	O
M	D	G	P	O	L	S	J	N	M	I	L	Q	C	J	W	I	T	V
I	J	O	N	W	U	T	S	N	O	A	F	S	G	O	U	N	Y	F
M	M	N	I	C	H	T	D	F	T	K	O	B	N	Y	D	K	C	M
U	U	Y	S	G	F	F	V	N	A	F	A	C	Q	P	O	U	D	S
A	N	B	R	T	N	M	G	R	G	B	D	R	W	U	C	Q	C	K
O	B	E	M	W	X	P	E	R	F	B	Y	H	H	B	J	Q	O	Q
U	V	V	G	I	V	F	H	D	L	D	F	K	K	M	U	W	G	C
B	J	P	G	K	A	E	B	T	N	T	L	G	Q	R	F	R	D	F
J	A	D	J	B	M	Q	S	R	B	E	Z	Y	J	A	G	C	I	M
X	Z	Q	U	O	R	N	Q	O	P	E	B	O	V	Q	D	Y	Z	C
Q	C	I	Q	K	J	J	D	D	I	L	F	E	S	I	E	H	T	M
Z	W	Y	D	J	L	C	G	G	T	X	M	A	I	Z	E	M	G	W
W	Z	W	Z	Z	Q	C	D	N	I	L	B	E	H	L	J	H	G	B
U	U	M	M	I	W	H	D	X	N	Z	Y	U	I	J	Y	E	A	Z
T	M	G	X	I	K	L	D	L	B	E	E	E	L	B	W	S	R	E
W	L	L	H	L	Z	G	T	U	W	G	B	E	R	F	S	F	D	G
A	F	L	X	Y	Y	H	T	X	C	E	I	O	U	N	N	Y	U	V
K	Y	J	R	J	P	S	C	N	V	U	N	U	I	X	Z	D	E	R
K	B	M	C	L	I	Z	H	G	M	I	N	V	I	V	T	I	E	W
V	T	I	S	J	H	B	H	Z	Z	C	I	P	H	H	T	P	O	S

12

Oliver Hassencamp

LIEBE
MACHT
NICHT
BLIND

DER
LIEBENDE
SIEHT
NUR
WEIT
MEHR

ALS
DA
IST

Y	K	B	E	W	C	B	I	H	Z	I	C	E	A	N	V	L	L	E
W	D	S	K	S	L	I	R	R	W	S	J	T	L	J	K	H	N	V
T	N	Z	Z	A	H	N	X	G	I	A	M	X	L	A	X	U	N	T
C	W	H	S	K	A	N	N	F	M	A	Q	T	F	A	B	I	E	H
V	A	K	C	T	X	C	U	O	Y	E	H	O	G	P	W	J	W	C
T	H	Y	R	T	F	T	G	K	J	Q	B	D	Z	U	Z	E	I	I
P	U	Z	A	X	S	A	W	X	Z	M	M	H	T	K	L	R	G	N
Z	E	B	N	I	C	H	T	U	E	T	K	L	E	X	Y	G	E	V
G	B	F	S	S	I	E	A	E	V	C	J	N	W	E	I	O	R	H
O	E	A	E	P	E	Y	Y	B	X	B	O	V	U	Y	H	P	D	P
P	R	O	S	B	N	I	Y	E	D	I	W	R	X	M	L	Z	T	C
E	L	T	I	O	V	G	N	R	Q	J	H	E	S	J	E	P	M	G
E	C	I	M	B	K	G	T	S	C	S	Z	N	R	S	C	S	P	I
J	W	T	P	D	U	F	W	A	F	S	E	K	M	R	V	D	U	Y
H	Y	Z	I	O	K	F	N	N	S	R	S	A	O	L	F	X	W	Z
W	T	I	U	Y	H	E	Y	E	Q	K	W	Q	S	E	J	X	C	E
N	K	B	M	U	H	R	O	R	H	E	U	S	O	D	A	Z	Z	R
R	X	E	Y	N	Z	H	C	S	N	E	M	F	N	A	U	F	L	O
T	N	W	B	U	O	J	A	B	D	S	G	G	A	M	K	M	M	Z
N	D	L	A	R	L	V	A	E	B	Y	A	R	T	P	P	Y	L	O
G	M	J	P	L	K	L	Z	O	U	N	E	B	E	I	L	E	X	F
D	Z	W	B	J	L	B	I	T	X	O	D	N	A	B	O	D	G	H
P	I	T	E	S	L	E	B	W	E	V	M	Z	Y	I	E	A	S	G
Q	H	A	S	W	J	T	S	I	Q	O	S	Z	W	R	F	L	F	N

Friedrich Hebbel

UEBER
ALLES
HAT
DER
MENSCH
GEWALT

NUR
NICHT
UEBER
SEIN
HERZ

ER
KANN
NICHT
LIEBEN

WENN
ER
WILL

L	V	G	X	W	Y	M	X	M	R	C	T	S	U	A	K	U	A	J
C	X	U	M	P	J	J	Q	N	I	J	C	L	H	K	Z	D	K	X
P	X	R	U	T	H	K	F	O	W	B	H	S	L	K	M	N	D	Y
K	R	T	E	O	D	A	W	X	U	J	P	C	P	I	C	T	F	A
E	L	J	N	S	D	A	I	L	U	N	Z	B	T	D	G	V	M	N
F	B	R	J	H	S	I	M	M	J	Q	Y	R	Z	N	R	O	T	M
L	V	R	H	W	U	O	X	M	J	V	A	E	T	K	Y	L	F	W
L	A	T	R	D	J	S	R	L	D	F	Y	B	S	L	V	L	A	E
N	X	E	C	Z	N	H	J	G	R	L	R	A	Z	E	K	B	Q	C
F	J	O	F	O	N	M	P	G	I	W	B	F	J	I	K	R	X	O
M	L	L	K	Y	L	M	A	W	B	V	N	T	N	N	H	I	M	E
J	U	X	M	F	O	F	V	V	B	L	C	E	C	E	D	N	M	J
S	X	M	B	L	T	L	Q	E	F	M	S	P	R	I	U	G	X	M
Q	S	U	I	E	V	G	W	R	T	S	J	E	N	O	H	E	K	O
J	M	C	U	U	X	N	M	M	O	I	M	G	E	E	H	N	U	Q
Q	W	W	N	N	G	P	T	R	N	Z	E	Y	C	A	K	W	O	H
L	L	J	G	W	I	M	G	M	K	L	O	R	M	D	U	P	L	Q
I	W	D	Z	X	F	D	Y	O	Y	T	J	E	N	I	E	K	T	Q
B	P	W	J	G	E	M	E	A	S	O	U	I	S	A	A	B	D	Y
Q	Q	A	R	F	F	N	S	E	P	F	G	S	S	F	W	P	K	X
L	C	R	P	D	N	N	I	K	V	E	S	V	S	T	F	N	W	Z
M	E	L	Q	E	U	D	R	Y	I	E	B	E	I	L	X	T	M	R
A	Z	Q	N	R	C	L	V	F	E	D	I	U	R	Z	Y	O	O	Y
V	J	J	F	Y	N	P	T	G	B	S	G	A	W	L	T	G	Z	J

Mutter Teresa

WIR
KOENNEN
KEINE
GROSSEN
DINGE
VOLLBRINGEN

NUR
KLEINE

ABER
DIE
MIT
GROSSER
LIEBE

G	P	R	Y	D	E	B	K	R	Y	X	E	I	W	C	E	K	I	A
Q	V	X	K	Y	W	C	B	M	K	H	O	T	E	C	V	V	V	Z
A	E	P	I	R	H	B	Y	G	W	F	M	I	G	G	A	D	W	K
G	Z	T	E	B	P	B	W	Q	B	U	N	S	Q	J	E	S	X	Q
C	Y	O	M	B	Z	F	S	D	E	E	Q	A	Q	A	F	R	M	W
D	P	A	Z	B	E	X	E	B	M	S	U	C	B	Z	L	X	Y	R
C	T	H	I	V	N	I	T	M	X	H	H	X	J	D	R	H	A	R
N	G	H	Y	K	Q	F	L	T	G	X	F	W	I	C	H	T	I	G
G	E	A	G	B	Q	M	E	K	M	T	S	I	I	Y	K	G	O	S
J	N	F	K	J	T	R	V	Y	U	Y	D	P	C	F	I	F	U	I
Q	A	B	Q	S	C	K	S	D	M	H	S	J	O	C	M	G	K	U
R	U	D	K	A	D	B	S	K	B	D	O	R	Z	E	M	H	X	Y
G	S	X	T	V	I	I	Q	B	F	X	N	M	E	X	N	D	Q	V
Y	O	L	Q	U	Z	O	E	V	T	E	Z	I	D	D	Z	Y	D	S
N	E	K	O	M	P	O	S	I	T	I	O	N	S	A	Y	T	W	E
H	O	H	L	U	P	C	G	Q	R	G	U	E	E	I	D	U	G	N
S	O	B	S	S	Y	B	U	S	F	B	X	M	X	T	Q	F	F	N
J	H	D	A	B	O	L	L	Y	L	V	J	N	L	N	T	S	M	E
W	E	H	S	C	M	U	S	I	K	T	F	D	E	H	H	D	Q	S
Q	Y	R	E	V	Z	D	B	M	V	W	M	K	Y	D	J	S	J	U
E	T	F	Z	N	I	S	J	R	L	Z	A	B	Z	W	V	R	P	A
O	S	N	E	Y	V	S	F	J	R	M	T	O	E	Z	F	H	K	P
N	M	B	O	G	G	Q	I	T	P	H	E	I	A	I	L	I	J	R
O	P	T	R	J	I	A	E	A	D	G	Y	V	U	O	Q	V	D	B

Senta Berger

LIEBE
IST
EINE
KOMPOSITION

BEI
DER
DIE
PAUSEN

GENAUSO
WICHTIG
SIND

WIE
DIE
MUSIK

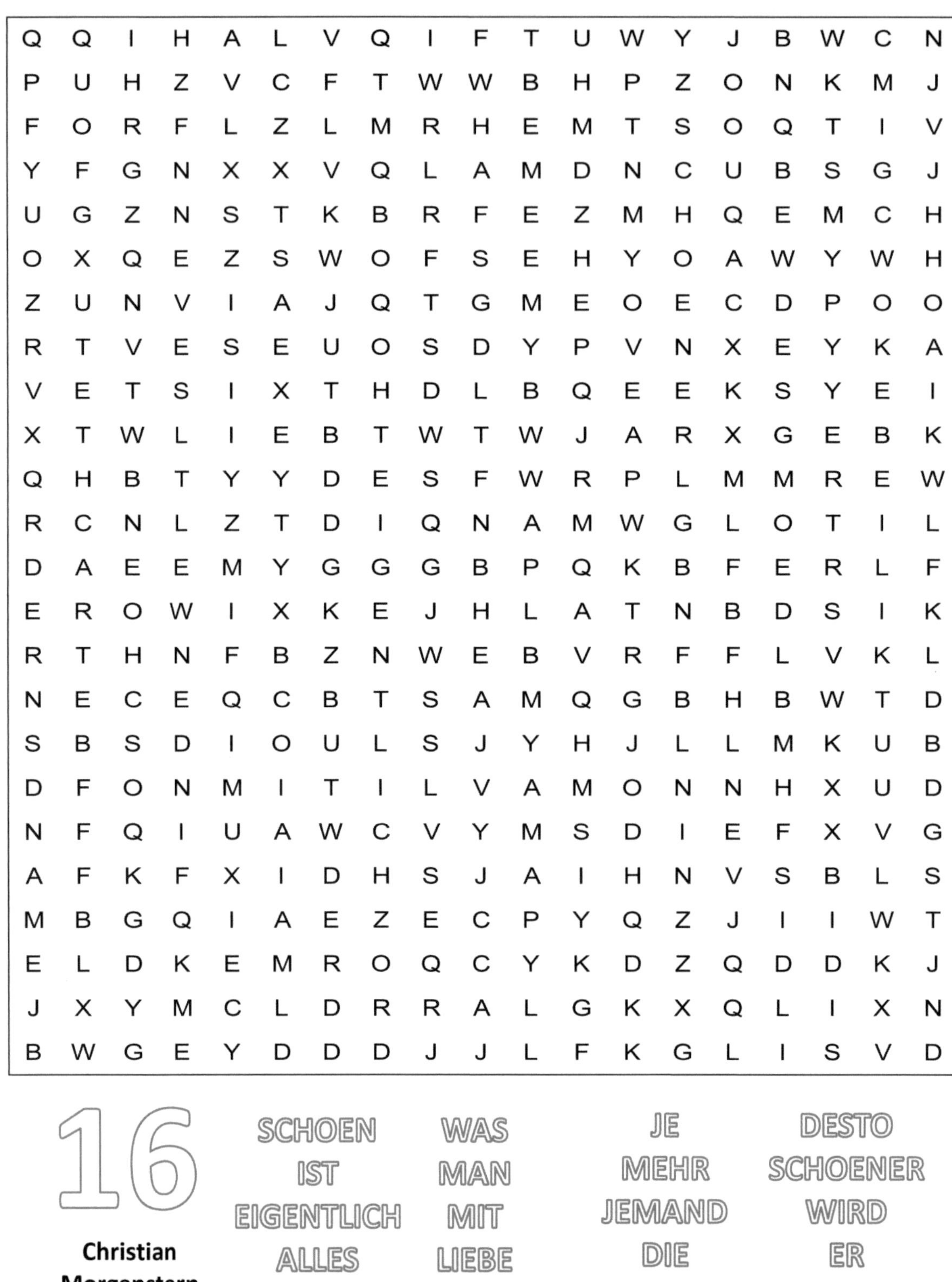

16

Christian Morgenstern

SCHOEN
IST
EIGENTLICH
ALLES
WAS
MAN
MIT
LIEBE
BETRACHTET
JE
MEHR
JEMAND
DIE
WELT
LIEBT
DESTO
SCHOENER
WIRD
ER
SIE
FINDEN

J	B	J	A	H	I	H	F	B	E	O	W	I	V	E	A	K	U	T
L	C	N	I	U	F	J	C	K	K	H	F	P	Q	Z	Y	E	G	O
V	N	F	G	V	H	U	Q	O	K	V	Z	P	B	T	B	N	L	M
M	M	E	C	B	Z	E	F	B	W	O	W	A	U	E	V	O	H	T
P	D	O	K	R	G	C	R	V	X	L	V	Q	B	H	D	O	I	B
K	R	L	T	V	Z	R	R	V	I	K	O	C	I	F	C	L	E	W
N	Q	T	N	I	B	H	P	K	O	U	O	W	B	H	Y	E	Q	E
Q	V	K	I	J	F	R	N	V	S	R	U	Y	S	N	U	M	U	R
S	V	X	D	K	Y	U	N	E	M	G	N	C	H	Y	D	N	X	W
V	L	X	K	P	K	A	G	Z	U	U	H	K	F	O	D	N	D	E
E	S	I	P	M	V	V	L	S	M	A	I	V	N	V	V	K	U	C
B	E	C	T	W	E	N	A	A	E	K	Q	R	X	E	Q	K	G	K
I	A	G	W	C	E	V	Q	T	W	H	R	K	D	L	G	U	P	E
C	Q	P	Q	F	I	A	Z	Z	F	I	U	B	W	H	S	G	Y	N
F	B	L	U	N	N	U	M	D	R	N	T	M	N	A	N	C	Q	T
N	V	R	R	V	N	Z	Z	C	M	U	N	Z	O	U	R	E	U	O
D	B	Q	I	G	H	T	K	S	V	K	X	X	T	R	B	G	H	L
M	O	H	V	V	E	R	S	T	A	N	D	H	Q	J	K	P	A	L
O	C	V	S	Y	G	I	S	Q	J	Y	C	E	B	E	I	L	F	P
G	C	Q	S	J	D	I	Y	L	Y	A	K	R	I	N	F	D	N	U
S	Z	A	I	C	Y	G	N	U	G	I	E	N	U	Z	I	P	Q	A
X	Y	A	T	X	I	F	F	Y	F	U	J	M	W	A	U	D	B	T
P	A	R	Z	C	F	P	E	I	N	E	G	K	N	O	U	C	N	O
V	K	C	U	J	R	Z	S	Z	I	O	X	H	R	Z	I	X	J	A

VERSTAND UND GENIE

RUFEN ACHTUNG UND HOCHSCHAETZUNG HERVOR

WITZ UND HUMOR

ERWECKEN LIEBE UND ZUNEIGUNG

David Hume

K	B	F	M	E	M	G	O	C	G	S	F	I	O	F	Q	M	W	A
M	N	U	S	K	Z	Y	W	W	O	X	B	T	C	P	C	J	D	W
D	F	E	B	T	W	D	Z	M	X	V	B	M	P	I	K	P	D	J
U	V	I	Z	Z	S	S	U	T	F	S	B	U	O	I	I	Y	K	B
C	X	G	K	G	D	Z	J	L	L	D	X	M	R	C	E	O	S	U
W	T	Q	N	O	V	J	I	E	G	W	Y	G	Y	D	T	A	B	C
C	D	G	V	G	E	Q	G	W	W	A	E	D	F	C	N	T	I	F
U	C	Q	I	T	J	J	A	B	B	N	N	D	U	B	D	K	B	X
B	D	P	Q	I	F	P	M	D	D	U	D	I	E	A	A	Y	X	L
I	E	T	R	K	H	A	N	J	L	O	F	T	P	L	K	C	T	B
S	Z	F	H	K	W	J	E	I	E	O	F	W	I	E	G	S	X	U
T	X	O	U	I	F	M	H	G	X	B	K	E	I	F	E	P	D	Y
B	I	S	T	Z	A	X	T	Q	D	W	R	D	U	J	H	Z	F	W
B	O	E	K	N	S	F	M	O	U	W	Z	L	N	D	V	R	B	G
F	W	J	D	E	M	E	V	L	U	M	P	Y	B	B	W	W	A	J
C	W	Y	K	F	W	V	C	F	O	W	N	B	T	L	Z	V	U	K
N	F	U	E	R	V	L	T	W	T	V	I	S	R	E	Z	B	M	J
Z	K	M	U	N	V	A	I	X	G	C	C	E	V	H	F	L	W	S
S	C	D	N	A	M	E	J	D	N	E	G	R	I	O	V	K	F	L
Y	I	K	N	M	F	T	R	Z	D	T	X	R	Y	Y	G	U	C	D
R	P	W	P	Y	L	I	G	J	N	S	Q	H	N	X	R	U	Q	J
Z	E	H	J	E	P	W	X	U	C	T	E	J	Q	W	I	E	S	T
I	P	U	W	J	Q	P	W	H	T	N	I	K	J	S	L	V	B	K
U	O	F	F	E	A	T	K	C	K	D	M	U	O	X	Z	R	A	A

Erich Fried

FUER
DIE
WELT

BIST
DU
IRGENDJEMAND

ABER
FUER
IRGENDJEMAND

BIST
DU
DIE
WELT

M	N	O	D	V	J	C	G	S	Z	I	C	H	N	Y	S	I	U	P
A	Z	C	W	X	D	P	B	E	V	A	G	Q	C	I	V	N	V	Z
Q	X	N	G	C	G	Z	B	J	G	K	H	U	E	D	C	Q	K	T
W	T	X	C	C	V	D	L	F	H	M	R	C	B	U	F	H	S	D
D	N	N	E	N	R	Q	K	Q	C	Q	L	I	D	G	I	R	T	W
U	B	M	I	C	H	Y	N	C	S	Z	L	Q	H	O	C	A	I	E
K	Q	N	I	H	E	H	D	T	I	A	N	R	D	U	H	X	N	H
U	K	L	Z	C	N	B	V	J	N	M	F	F	H	E	M	N	Q	T
U	C	C	E	M	Z	W	E	V	D	R	J	F	M	E	M	K	E	U
A	N	D	I	R	A	P	P	I	I	F	W	E	Q	P	D	H	L	N
S	L	L	B	E	M	L	H	M	D	C	Q	J	O	H	H	E	S	T
E	R	L	G	J	C	U	P	V	B	T	R	Q	Y	Z	R	Z	U	J
P	E	N	L	Q	X	O	F	G	N	Q	Q	G	L	U	A	K	F	X
H	I	X	M	R	I	X	S	D	Z	C	Q	J	G	N	W	F	T	R
G	S	K	H	S	R	U	I	P	V	I	T	H	B	D	F	X	J	T
A	M	C	T	N	I	F	N	E	Z	T	E	L	R	E	V	K	L	W
F	X	Y	F	I	V	R	H	E	Z	D	G	M	G	C	Z	N	H	E
T	Y	M	V	E	T	V	L	T	U	M	N	C	R	Q	G	Z	Y	I
B	Y	K	S	L	S	W	T	S	Y	N	D	G	N	M	D	G	S	J
M	B	F	C	Z	Y	G	K	N	A	N	X	C	L	T	L	J	O	E
P	D	R	D	A	N	P	G	J	E	N	A	D	J	E	S	I	W	R
A	G	B	R	N	A	L	O	G	L	C	S	M	G	X	O	D	I	U
S	T	L	A	V	F	G	E	N	N	S	S	Y	G	Z	N	M	R	E
V	S	K	L	J	Y	S	G	D	B	G	H	D	Y	S	Q	T	H	B

DU UND ICH

WIR SIND EINS

ICH KANN DIR NICHT WEHTUN

OHNE MICH ZU VERLETZEN

Mahatma Gandhi

D J G O T M J G Z V S L D I H J X G U
Y Z G K C A P I V D Z V R Z A O W K E
P P I C J J T E Z J I T R Q D J T H E
W S H E K P K W G S S U M M E Q C B T
K U T M B F F U W V R N U F G F E I I
K I H J K Y M E R M Z V G C G T U M X
H X Y H Q X V K C O S W V Q S Y U F L
E B T G V C W W O V C D A Q M E N X M
R J U B M O J I G P A T Z D H D S W W
L B Z B J E S D Z N J N S F W A E G V
D N I S I M I Z T Z U T T T E P R Q U
F Z J R X D B H D Y V H H E T V E A Y
D L S I Y E T D O A B F N J O U S R O
V Q A W N Z Y P I Q B V H N G K E M I
T F R S Q A W A A S D X O K M M D V E
R X G D C H Y E T B I Q W W P Y P L W
X L Z J E N A T I K E W D P Q E Y Z Q
U P E B D M Q Q M D Y L H W B A K G Z
H T N D T C N Y F L I E B E N R A G B
G Q U F X Y G E X G S N E B E L W O M
M B P C Q I G E N V E L A D A C W C D
E I A I Q Z C C C A M O G Z K P R P Q
B H D W B H O W O W Y B H O F L E C S
N L B K E A S T U N D E N O N K O T R

Wilhelm Busch

DIE
SUMME
UNSERES
LEBENS

WO
WIR
LIEBEN

Y	E	F	O	T	H	S	S	F	Z	S	Q	B	H	F	O	U	G	M
H	U	E	O	R	Q	P	R	Q	W	U	U	A	A	O	J	U	W	N
C	S	K	C	E	U	L	G	J	H	K	G	E	H	M	P	Y	A	G
W	R	A	P	G	P	R	A	N	J	J	P	S	X	R	I	E	Z	B
Z	E	G	K	Z	Z	S	B	P	I	I	Z	H	L	S	G	I	M	H
G	N	O	V	B	Z	K	R	A	F	P	F	A	B	I	M	K	O	C
L	I	Z	H	N	J	I	Z	T	Q	O	Z	K	P	Y	J	J	B	V
W	E	W	F	O	Q	O	C	F	E	T	T	F	O	N	A	Z	J	G
N	D	V	E	B	E	B	Y	I	P	E	E	R	I	Z	D	E	Q	X
D	X	G	S	R	C	J	V	W	N	L	V	T	O	U	K	V	S	Y
V	N	E	Q	V	D	Z	O	D	C	Q	F	S	A	D	W	H	H	K
B	S	C	M	Z	Y	E	Y	K	R	Z	R	I	Y	P	L	I	E	B
U	H	P	Y	Z	F	I	N	S	E	E	L	E	F	H	N	U	T	C
E	I	C	Z	L	H	J	F	W	B	X	P	R	X	N	K	X	E	S
D	P	A	N	M	H	P	O	I	V	J	P	Y	C	V	F	U	X	U
R	U	K	N	R	Y	A	R	D	W	H	A	Q	L	W	I	F	N	O
D	R	B	R	Z	M	A	W	D	X	W	E	R	Z	N	U	W	C	T
K	O	J	L	C	W	S	O	W	D	D	I	O	T	S	F	G	F	Y
S	L	Z	Z	S	R	W	N	N	S	F	I	S	P	X	Q	Y	N	N
Y	C	U	Z	Y	J	T	D	Q	N	P	M	Q	X	R	P	M	X	O
I	M	F	D	E	S	G	E	L	I	E	B	T	Y	N	H	W	N	J
K	F	U	J	N	H	M	X	X	A	K	X	J	J	X	T	S	F	P
F	B	H	I	T	F	B	O	E	R	G	W	F	V	B	U	M	N	F
I	Y	R	E	D	S	C	H	O	E	N	E	N	K	D	N	B	I	Q

Theodore Simon Jouffroy

DER
GIPFEL
DES
GLUECKS
IST
ES
GELIEBT
ZU
WERDEN
VON
EINER
SCHOENEN
SEELE

I	F	I	Y	F	F	D	X	D	D	Z	N	M	M	Y	X	J	I	Q
I	Q	O	J	J	O	T	R	A	U	N	N	P	C	S	A	H	S	Y
J	Y	O	L	M	R	L	N	Y	C	D	A	Q	F	D	U	G	E	T
T	E	T	W	D	Z	P	J	Z	F	M	F	Y	X	O	R	D	I	Z
Y	U	M	H	W	X	Y	N	W	R	Q	R	N	D	Z	W	Z	N	U
Z	R	Z	B	J	Z	P	X	Z	D	B	T	Z	Y	E	J	X	E	L
K	N	W	I	E	O	U	Z	T	E	E	Q	T	T	F	Z	K	S	E
U	R	V	Q	O	H	J	G	E	T	Q	J	N	C	T	G	T	Q	B
O	Q	Y	K	Q	T	L	D	N	L	J	A	G	R	T	Q	E	B	E
Z	U	L	O	C	J	Y	M	G	G	S	B	A	P	E	A	W	B	N
R	D	Z	T	N	X	X	Q	E	W	I	E	K	N	U	G	W	O	S
E	N	U	R	W	D	D	B	G	L	J	I	N	G	B	I	W	Y	S
D	A	S	F	L	I	Q	I	E	A	U	G	M	E	B	W	E	W	L
E	Y	H	J	V	I	P	E	B	M	X	M	L	M	Y	E	K	S	O
J	I	A	Z	Z	O	T	Q	B	N	C	R	D	F	R	W	M	D	O
U	E	R	D	Z	Z	V	O	D	I	D	S	Q	P	I	E	F	U	D
E	R	K	E	N	N	E	N	B	E	O	R	T	X	D	F	B	W	G
K	I	C	X	K	Y	O	H	C	S	N	E	M	W	P	P	Z	A	J
X	N	V	M	X	Z	G	V	Y	D	D	N	K	C	G	J	S	U	B
U	A	C	G	I	T	I	E	Z	T	H	C	E	R	B	R	I	H	O
T	U	Q	Y	H	W	L	G	N	V	Z	B	H	N	L	G	W	Z	X
K	Q	G	E	E	A	F	J	G	M	H	G	P	A	H	I	Q	Q	E
V	X	D	Q	V	W	L	P	W	V	C	P	W	E	N	I	G	E	O
V	V	S	M	E	N	S	C	H	E	N	H	T	E	J	F	B	D	M

Gina Kaus

JEDER MENSCH BEGEGNET EINMAL DEM MENSCHEN SEINES LEBENS ABER NUR WENIGE ERKENNEN IHN RECHTZEITIG

A	Z	I	M	G	X	B	B	C	N	Q	P	T	D	I	U	H	K	H
B	H	K	E	N	M	F	Z	Z	K	N	O	N	T	G	Y	K	V	N
Z	G	R	B	M	Y	M	N	D	I	P	I	K	E	J	G	N	T	F
U	E	U	J	Q	R	I	Z	X	K	C	O	D	B	Z	X	T	B	W
V	Y	L	K	L	A	C	M	W	U	Q	L	W	P	G	R	N	C	E
N	U	N	T	D	T	N	D	S	W	L	W	N	N	U	U	E	X	S
E	S	Y	B	B	V	O	I	D	E	F	H	Y	Y	T	J	V	H	E
I	I	T	N	H	I	E	P	B	U	C	Z	N	S	Y	Y	S	L	N
D	N	V	V	V	X	O	C	E	H	Z	C	X	Q	P	F	G	C	T
S	H	E	K	A	H	S	R	Y	G	R	E	A	I	W	B	J	K	L
R	U	N	F	B	M	Q	R	K	I	A	I	O	T	A	F	R	J	I
X	S	R	A	B	T	H	C	I	S	N	U	N	Z	T	O	H	T	C
P	K	I	S	F	I	U	Q	P	G	S	A	F	V	M	Y	R	B	H
O	T	M	F	N	D	I	N	J	X	Q	E	F	O	O	T	D	L	E
Q	R	Y	A	P	B	I	E	D	V	B	L	L	O	Q	X	F	X	D
P	Q	M	A	S	I	F	I	S	J	T	J	U	T	M	D	C	O	E
I	V	A	L	V	A	Z	G	M	E	I	B	H	D	U	S	G	H	M
Q	P	K	Z	V	A	D	N	T	I	M	O	D	S	I	E	H	T	N
W	R	H	Z	I	W	J	Z	D	B	O	V	S	D	V	V	E	E	V
A	I	X	U	P	J	J	C	Q	K	V	J	U	P	X	E	G	P	R
I	F	A	H	I	F	K	E	L	J	A	L	Z	G	U	U	F	Y	M
S	V	W	O	L	Z	U	B	V	W	N	U	T	Y	A	X	U	U	T
T	T	X	Y	Z	V	M	M	E	R	L	T	A	K	F	U	O	H	Q
X	T	C	T	U	Y	X	B	S	Y	V	U	X	D	G	K	H	O	H

Antoine de Saint-Exupery

MAN
SIEHT
NUR

MIT
DEM
HERZEN
GUT

DAS
WESENTLICHE
IST

FUER
DIE
AUGEN
UNSICHTBAR

P	Z	A	J	T	O	Y	E	U	P	G	F	H	A	W	O	Q	H	A
U	I	N	L	I	I	E	L	D	O	I	U	B	E	Q	L	F	Q	J
F	B	N	A	Y	U	M	D	W	K	T	Z	E	S	Q	D	H	F	L
E	F	D	S	C	I	Z	D	C	B	Y	H	G	S	V	K	C	C	Q
G	S	L	T	A	H	Z	J	E	V	D	E	E	L	W	D	A	A	Z
F	W	A	D	R	E	X	G	Y	V	O	M	G	A	D	C	B	P	B
N	M	M	S	B	E	E	B	L	U	J	Q	N	K	D	I	R	Z	M
I	U	G	L	T	G	H	R	J	E	U	I	E	E	O	C	I	K	A
C	S	T	B	N	D	X	C	S	I	M	I	S	J	I	S	R	T	O
H	D	M	U	U	Z	V	S	I	E	V	M	T	D	D	Y	I	B	X
T	J	N	W	D	Z	A	C	Y	L	D	F	E	L	C	U	R	W	I
H	G	I	K	M	L	N	Q	X	G	K	D	Z	C	X	C	Q	N	Z
I	X	X	S	N	A	D	X	D	D	J	C	Y	X	N	Z	D	Q	U
J	Z	K	I	T	E	Q	I	M	M	A	G	E	Y	S	N	R	Q	P
Q	Q	E	J	R	V	J	B	S	Q	F	F	Y	U	Y	A	U	E	T
A	U	J	G	J	M	E	O	L	Q	H	D	M	Z	L	M	O	N	D
Y	R	G	Z	U	P	G	J	E	M	A	N	D	E	M	G	U	D	I
R	Q	P	A	L	T	W	P	D	T	G	C	P	Z	H	R	A	E	N
I	A	Q	G	Y	Q	H	W	I	Q	O	J	K	L	B	S	M	T	Y
T	Z	S	A	F	R	W	E	G	P	Y	V	F	U	S	S	Z	J	G
I	V	U	W	P	K	L	K	H	F	U	P	H	B	A	G	J	V	C
F	F	H	S	C	J	M	H	F	D	J	Y	L	N	H	Q	U	H	F
S	V	E	P	E	J	A	O	I	D	U	D	N	O	R	I	J	C	B
F	S	X	F	L	J	S	C	K	M	W	M	W	V	J	L	L	T	L

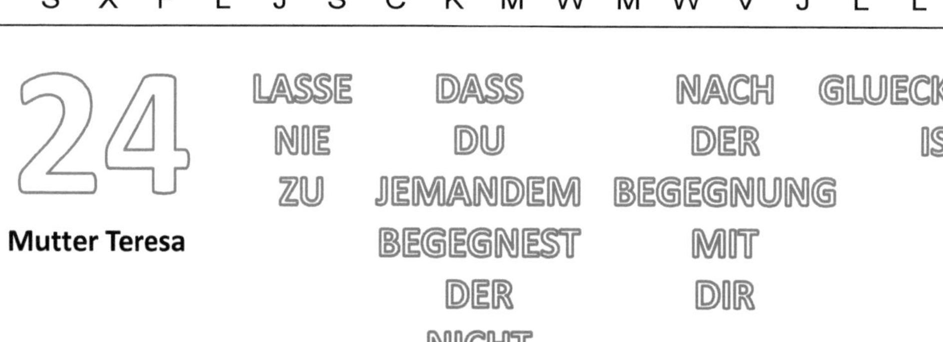

24
LASSE
NIE
ZU
DASS
DU
JEMANDEM
BEGEGNEST
DER
NICHT
NACH
DER
BEGEGNUNG
MIT
DIR
GLUECKLICHER
IST

Mutter Teresa

T	R	E	U	E	J	E	S	E	M	S	S	Q	V	I	D	O	S	C
M	A	C	H	T	I	G	J	Z	W	C	Y	J	P	L	F	P	G	C
Q	A	K	N	Q	G	S	X	Y	O	S	U	I	B	F	A	Q	Y	O
Y	Y	G	S	N	U	G	T	M	O	L	Y	B	C	S	O	P	Q	X
D	J	G	E	Z	H	M	W	V	P	D	G	J	S	P	M	F	B	X
Z	O	T	T	X	M	Q	W	U	R	E	E	I	N	E	M	L	R	O
E	L	M	P	Y	L	Q	N	Y	N	C	U	Z	H	A	E	Y	O	H
Y	G	Z	O	G	Q	H	O	F	M	K	M	I	I	C	X	Z	R	X
P	U	C	K	V	H	R	C	S	T	R	N	P	G	S	V	I	Z	H
W	M	P	I	Z	B	C	E	X	K	J	N	A	V	I	N	M	L	B
E	H	J	C	P	F	T	Q	I	K	K	G	N	G	W	S	Q	A	O
P	C	M	G	H	J	D	D	I	Q	E	D	E	I	K	L	L	I	R
G	W	O	Z	V	E	G	P	P	A	H	Y	I	L	Z	I	X	U	M
Q	X	X	K	T	U	H	V	I	G	P	J	I	V	R	M	P	H	F
S	P	W	A	T	T	J	T	O	X	M	E	T	P	X	W	T	P	K
K	Q	K	B	O	X	F	H	E	R	B	U	L	L	B	G	K	B	G
I	I	U	Y	L	X	L	F	A	E	B	G	P	L	M	Q	U	Y	P
N	H	C	O	S	I	K	A	V	D	Q	Y	I	K	O	W	N	Y	E
L	I	A	S	O	Y	A	E	U	S	D	M	M	G	V	S	E	X	N
R	R	O	F	C	S	N	I	E	A	Q	V	U	U	M	Z	B	U	N
R	S	W	N	B	Q	J	D	N	K	Y	N	K	S	F	K	C	X	I
G	K	A	T	T	A	A	N	Q	W	N	N	C	X	X	Z	V	S	E
G	G	A	B	G	E	J	P	Y	E	G	Q	V	E	X	W	J	U	K
L	W	O	N	C	W	K	X	W	A	M	F	F	X	E	Y	L	U	E

Julie Andrews

WENN
EINEM

DIE
TREUE
SPASS
MACHT

DANN
IST
ES
LIEBE

N	I	V	Q	X	V	D	N	I	S	H	O	Q	E	N	C	B	Z	H
S	D	E	N	M	G	M	Q	A	C	K	P	H	N	Q	M	G	Y	C
E	W	I	N	Q	Y	Q	N	R	T	F	Y	I	M	S	G	N	X	G
V	M	E	A	L	L	E	I	N	S	K	D	M	A	X	B	K	V	U
Q	V	Q	S	R	D	U	P	B	G	Y	E	H	O	H	O	W	O	X
C	Z	I	Y	E	H	Q	T	C	S	R	S	H	J	U	H	X	D	F
S	J	Z	Z	A	E	K	O	J	F	R	I	W	Z	H	C	D	A	S
Y	M	X	W	I	J	J	W	O	D	E	A	L	V	M	I	F	C	P
B	D	S	A	E	D	T	R	J	E	U	J	Y	G	U	S	M	V	H
P	G	V	H	I	I	D	K	A	L	F	J	V	R	R	G	G	L	Y
I	T	U	F	N	E	L	A	E	S	S	T	Q	C	Y	G	C	R	L
P	S	Q	P	R	Y	A	O	Q	S	B	S	T	V	V	W	G	T	I
M	N	X	L	W	K	G	J	N	U	B	O	B	G	I	O	U	S	R
T	F	I	N	Y	E	R	E	I	H	W	G	E	V	I	N	I	X	N
F	C	P	S	Z	B	V	G	X	L	Y	Q	D	J	E	K	D	O	W
H	M	X	G	Z	Z	O	S	C	U	G	C	K	H	D	L	R	N	E
U	N	F	P	R	D	Q	L	P	X	P	A	C	M	P	Z	H	T	J
S	F	J	M	O	Y	K	L	E	E	K	S	O	S	E	E	A	M	R
T	L	R	R	F	P	L	R	H	J	N	G	Z	F	L	L	S	G	H
B	T	E	L	V	T	R	A	G	E	N	E	S	S	B	E	C	I	F
A	F	M	Z	A	U	S	F	M	L	G	J	F	Q	O	M	A	I	Q
E	F	M	A	X	Q	O	D	V	O	G	L	U	E	C	K	H	P	P
F	F	U	F	A	L	I	R	W	B	P	I	H	Y	B	O	P	L	A
E	E	K	O	X	Y	J	N	K	D	Y	A	P	E	N	X	I	S	H

Elbert Hubbard

KUMMER
LAESST
SICH
ALLEIN
TRAGEN

FUER
DAS
GLUECK

SIND
ZWEI
MENSCHEN
ERFORDERLICH

U O E K C P U R K A L P Y H Y B M J F
S L F H G H R U A A P Q L L O H K A D
U F J R U I Z Z V V R V I K V O G X P
X L N Q C R O Q I Q C H F X C E O L B
W O G W O H Y C Q Y W I D N I L W B E
B R L R T P G P D Y N H M N R L N E U
A W B U W T E B W D T F E U O B T B N
B S A J Q Y V S E G K M B O V E G E Y
U A Y B Q X L N L M I P J L L N R I X
P C E D T W B Q H T B I O M Q G O L O
L N E R Q J G N K E A A Y Y I J S D V
Y F B Q D M R G S D A S R H R H S D X
P Q N U A F N T U H H I P K R T E N E
N I J M H T E I O V Y G Y B Q F W T I
I R L Z I H B R I E Z N Y T X G H X R
R B F K T X B M R U N S J F F W D Q T
A B R T Z L A R Q T N C M K N Z P H Y
D I D L O Q A F F I L E H E I Y Q E E
F I E C E G J R H E X V R Z M Z T R S
W M R D L U I E D L H P E E H C X Z A
O M E U W T O U Z V P N T B D J O E O
A Y E H O K I V K K S C P K R N G N D
I C L B Y X C I E Z W N Z W Y P A W U
K K L O B W L S Y N T S U Y M S R M D

Julie Jeanne de Lespinasse

DAS
GROSSE
GLUECK
DER
LIEBE

BESTEHT
DARIN

RUHE
IN
EINEM
ANDEREN
HERZEN

ZU
FINDEN

X	I	A	H	K	I	N	T	W	S	Y	C	X	F	Y	E	O	U	E
B	B	H	E	M	V	G	S	W	X	I	U	L	I	F	J	D	V	H
V	J	I	R	A	B	Q	T	E	F	Q	C	C	N	A	E	W	A	T
H	P	L	Z	O	W	J	C	D	R	R	M	S	D	Y	R	K	M	U
A	G	L	E	H	O	R	Q	E	R	Q	E	E	E	R	T	L	Y	W
V	I	H	Z	J	M	F	H	Z	M	Y	V	I	T	F	Y	N	P	Z
M	L	Q	R	O	N	C	P	G	X	W	W	N	J	Q	V	L	J	Q
B	B	N	Z	H	N	B	K	O	D	O	J	E	U	R	W	T	B	X
T	W	H	H	A	Z	X	P	C	K	X	I	N	L	P	P	H	R	A
K	I	N	M	S	V	A	C	P	Q	G	K	K	M	A	X	W	Z	C
O	O	X	R	P	P	B	X	I	B	P	P	K	N	Q	D	M	U	W
B	H	G	T	Z	M	R	C	N	J	D	X	Z	V	L	I	R	D	H
V	I	I	I	W	M	C	W	F	K	F	G	F	P	O	K	L	B	Y
B	O	S	U	J	G	C	C	Z	V	A	D	R	M	D	Q	G	L	A
S	Y	L	H	D	D	S	I	H	B	E	L	Y	F	T	Z	Z	D	N
K	T	T	R	E	I	L	R	E	V	O	S	T	Z	N	B	A	M	K
V	M	S	X	Y	M	W	Z	A	T	N	E	N	S	I	A	L	L	Q
O	J	P	L	V	K	S	K	E	R	S	I	V	M	C	J	I	Z	J
K	K	T	E	D	O	Z	V	H	C	R	T	B	F	H	I	N	F	R
N	L	S	E	N	A	I	A	E	T	K	C	K	K	T	H	Z	B	Z
S	I	P	L	Q	C	F	A	R	H	O	Q	N	H	G	T	G	P	E
N	A	E	I	A	H	C	I	H	T	N	T	K	S	R	U	E	G	U
J	I	L	S	E	G	T	H	L	B	Q	G	Z	I	U	R	O	E	X
W	I	O	U	B	M	S	R	X	X	C	X	R	X	N	P	R	C	Y

Friedrich Nietzsche

MANCHER
FINDET
SEIN
HERZ
NICHT
EHER
ALS
BIS
ER
SEINEN
KOPF
VERLIERT

I	D	U	H	O	Q	X	Y	Z	H	L	L	D	L	V	S	F	Q	T
T	R	C	P	K	J	B	Y	L	X	L	N	R	U	S	J	Z	E	A
X	X	O	Z	B	G	Y	J	J	N	O	B	H	R	K	D	P	U	X
N	Z	T	W	C	D	J	S	A	W	S	V	S	J	N	M	F	I	U
E	C	K	N	E	Z	R	E	H	V	Q	T	S	U	M	R	D	E	W
K	H	G	O	C	S	H	E	V	O	N	P	L	W	G	W	B	D	J
R	L	P	E	M	I	S	M	L	S	C	E	E	A	J	E	K	W	N
I	J	O	D	B	M	M	X	T	H	S	Q	X	N	E	Z	R	E	H
W	Q	E	A	V	M	E	E	W	W	F	U	B	M	J	H	N	U	W
J	L	F	Y	X	S	Z	N	J	U	H	Z	M	E	P	X	T	I	R
I	H	S	Z	Y	N	T	E	M	A	W	B	P	J	L	N	X	Y	I
D	T	C	T	O	N	S	O	Q	V	U	Z	Z	O	P	J	U	S	E

Johann Wolfgang von Goethe

ES MUSS

VON HERZEN KOMMEN

WAS AUF HERZEN

WIRKEN SOLL

Lösung 1

K	G	V	X	A	T	S	Q	D	Y	W	B	F	U	P	S	R	X	Z
Q	N	H	W	K	T	H	I	R	O	G	N	Q	J	S	B	K	M	C
F	A	N	S	Q	U	U	D	A	B	R	F	M	B	O	X	I	U	H
R	M	V	L	S	L	N	Q	K	W	R	U	I	E	J	M	K	W	U
P	A	O	N	X	J	O	I	N	E	H	O	V	U	M	Z	S	G	N
F	P	O	T	B	J	H	Y	I	A	T	M	D	E	P	V	F	O	Q
V	T	D	X	Y	S	C	T	Z	N	V	X	R	S	D	C	Y	E	A
A	K	I	P	X	M	H	V	B	V	Q	F	N	A	Y	E	H	S	F
M	L	N	N	O	W	Q	M	I	B	H	N	R	B	E	D	F	E	N
V	L	A	L	Y	X	Q	Z	X	K	C	E	U	R	U	Z	K	A	O
E	Z	P	G	W	U	M	N	N	S	Y	C	M	Y	Y	G	X	S	Z
K	Q	D	D	X	S	A	T	U	X	W	K	M	S	J	S	T	K	E
I	T	N	Z	I	T	L	L	F	T	B	T	G	T	M	J	V	B	N
D	T	A	D	U	Z	S	I	C	S	T	S	M	M	T	M	Z	S	Z
J	X	W	N	O	G	W	V	P	B	E	T	X	M	W	Z	E	M	I
E	L	U	Z	O	J	E	J	N	E	O	E	D	D	O	P	Y	P	A
P	A	K	T	E	X	V	H	J	I	V	G	Q	V	O	K	X	J	L
H	S	U	X	V	Z	V	U	O	L	D	A	G	D	B	I	W	R	C
D	S	C	I	U	O	F	K	J	E	L	I	C	J	G	F	C	K	P
G	J	V	W	Q	D	X	J	G	D	R	W	R	X	O	R	Y	J	G
U	D	H	N	L	J	J	L	G	S	Z	T	B	O	B	B	N	S	Q
K	R	B	K	F	G	L	N	R	E	F	O	M	V	G	E	A	M	A
S	Z	B	Y	Y	S	W	V	A	U	V	B	D	K	C	W	X	L	O
R	F	K	R	E	U	F	R	L	X	D	F	P	U	E	W	B	J	I

Lösung 2

X	L	S	E	E	G	D	M	S	X	V	S	A	M	B	A	F	E	T
Y	X	P	J	X	T	M	T	T	D	R	S	M	Y	L	M	M	P	U
P	T	K	H	B	R	Q	E	A	K	L	S	N	L	R	W	D	M	X
P	S	T	C	T	E	Z	A	N	V	I	K	G	D	L	L	T	Y	I
V	E	I	E	S	Q	D	C	T	S	E	A	N	V	Q	H	S	B	E
J	P	Y	K	U	V	H	J	Q	J	D	N	M	R	U	W	V	V	E
F	Z	S	S	A	D	J	H	S	R	C	W	B	F	T	Q	H	T	A
X	O	G	P	K	S	C	H	W	I	N	D	E	T	I	A	C	B	W
F	K	Q	B	P	G	H	U	T	H	L	I	B	F	Z	B	O	Q	D
T	V	R	N	R	X	J	P	S	B	P	S	T	A	P	L	I	K	D
A	B	K	Z	I	Y	L	W	K	J	Q	T	M	B	O	N	C	L	U
L	V	Z	A	G	N	Q	T	V	X	C	Q	I	S	N	M	K	E	A
J	Q	P	N	P	N	Q	J	M	Z	E	H	G	E	D	V	V	W	S
Q	G	Y	N	I	E	K	T	X	D	A	S	G	I	B	L	H	N	G
N	J	Q	Z	W	F	Y	D	L	A	L	J	J	O	H	A	S	J	F
H	M	J	J	I	T	M	M	U	T	S	R	E	V	Q	U	L	A	O
C	P	N	A	D	B	J	E	G	H	W	V	F	B	H	R	Q	L	P
S	F	K	G	K	H	G	I	O	M	I	M	S	F	L	D	F	E	U
N	T	I	E	B	E	I	L	S	J	A	I	L	E	C	K	O	J	E
E	S	D	L	D	J	Q	R	Y	G	V	H	E	Q	J	W	Y	T	T
W	I	J	O	B	G	N	L	J	L	Y	G	R	T	V	O	P	I	J
N	V	M	F	B	R	T	K	E	I	N	E	M	V	N	O	E	Q	R
M	H	G	D	C	D	J	P	D	R	G	R	Q	I	H	S	E	I	S
N	O	I	Y	T	P	L	E	X	I	L	I	E	B	E	Z	Z	Y	D

Lösung 3

R P A C A O J M N E D A R G W P P O D
V O R N Z J T G H I Y A B E R W Q U V
T B E M I W K M Y W E T W G J T N Z E
S C I D K S K N X M N U J T H I O U K
T C K N U B L M H K X Q Z X X W V Y O
I A S U Y E J L A L E K M M P L G Q J
H E L X G Q K O G P C F P A I M H W I
O E Z Q G G Z C H O P M U E U F W I V
K Z Q M G R L O W R V R B I J I H I K
Y H L A F N A F U L C E M M Y F H Y F
G S N P H J D H K I Z T G H W U J D Q
Q C L G K J U S D D O L Y H M O X M E
A H M Y J W W K I N Q A Q M K P P E T
G U H E R R D Y J E D F O L N D N N K
R E C V O M L R T S X C A H A L E I L
J T M V Y O C W B S D A L H I U F E S
Q Z M J O G T B L I E Z L R C R Q O S
Q T M G U A D I X W Q B L T L C W F V
S R V J N Z E B V E C O S E E Q F J D
W R P V A B W E P G J T I X C R K M K
W T Y S E P X V X H S M H R M U J O A
P J J C T Z T E U H C S A C J W I K M
B I S M H E U Y L O L U G Z I I W C D
O O A B D U Z F P G B V O G J N B E I

Lösung 4

K P H Z C Y W X B G H K L E W J Y F Z
Z I Q N L V X W D I B T P S D E K M J
M W D G A E G N R U A K H W Q H L R X
U G C B B F R H O T Y S B D F J R I S
G B F T F S R T K D O M R Z I Q X Q V
A P M W M Z Z S A N Q H O W T X J O J
W Y O K T U I T D A B H Q S T U U L P
R Y D I E M U L E S M N N G O N R Y N
E T D W Y K S C T B P S I J G H Q X P
U L I P L W E R T A I S B X D J I D D
F B Z B L B Q Y L O Z N G A L C V X U
P O A D I O A B Y A K Y A P E A Q W Z
H G E I I W F K L H H T T M G Z E M H
N W V J L E M L R H U E M N I P E O S
R S Q E C L B T K F N X G M U J I W M
X J U W O K Z K W E S M B N O P D D T
V R X R K J Z T W A C Z B J I K Z R A
F N D P U I I N U L C P S S G D E C A
L I A Z G F B E T Q L Z B S L F M B R
F R V U U K L C H H D L I U Y Q Q G M
T A M J C G G D I W C N N E B E L T K
W T C U R F K M B C D I S Y E W S T T
O E C X I Y N E T S E B N Y N K J N E
I N S M R F N Z X L L N J T Z R N I V

Lösung 5

D I G Z K K E M Q J H U H Q O K Z L X
N B S J N H W I T X G F A S J X B X H
F L F V H C Q E X L N X X N Q P W I S
T H D F E E H B Z K K A U V D I I H N
W D Z J L E C E K B Q T T P Q E H A T
F L S A V T I W V C P H J D S V R V F
L U G E W O J M K M C Z J A M Q B E I
G H F L L F D A V I U Q J U W D C S N
V C G L K L X M N E R K Z O P W B Q V
W S G I M U F Q V N H A N D B N X Z B
F O C C V Y M X Q A Q J J H C K I D O
M T L X T T M X Y Q K U H M F M M T V
M S H I N Z L V U N M Y C K F E B H T
F N L I E B T W U X W I R Y L F J C P
V A Y K Q C N B X X M A N S W E B U J
R M E M R S E J W J Z D A K K C L S Q
G M U L U C Y G W I N Y P H C I S T M
C H D W T L F V G F H I D B Z Z U B L
H T J M X E W X B Z E A E S Z J J J V
B W R B R G K G D G I F H F E G A T Z
C N F F I I J B P N D F V O F Z X S A
M S V B B O V K O R Y K Z N R G N I P
X J H P D I R Q K I E B J H P W E Q F
O X V C N C Y H S K J D N N E W C W C

Lösung 6

D E R Z W Q U K W Z O T X B R J K P U
V A B I H Z S S I K G Y H G U F W I X
P I G G Z R L S O S F T B N A E N U H
Y M Y V F U C K J I T Z T S I K G T D
U S H Z C W D C B A J E L Z R S X U Q
E M O Z K Z F A G H R N C U R H W G A
D L G Q W T Z E W B D N A E D E M M G
W U S H L F S O R E H E E T E I Y Q I
I J M M N P G E B A R A R I U A N R S
H S P Y R M C J J S R D G V N R D B S
I C L A J H V V P V M S E N C Y K W E
L I E B E N S W E R T E R N A A A Y U
T C T N K O R H U U M S N Q Y U R U L
H F N B H F D V I B B P L X H W I O F
U P A D D C W T Q Y B B X X D D B C R
M I D V I W V B Z A M I N J Z C R O E
D P K E K G B W W A W H W S L S M Z B
L G Y I W A T V J G J Q T R S D N U E
L E S N X E L T F S X T Z N I U C A U
X E L C Y A N E D B S M A L V O K R K
Z Q T C Y F F N G Y Q G R C S J V I H
M X F R I B K T F N X T B A P H F V P
D L R C O W A X C M Q Q A C P G A E P
K C I R T W C R M P M C W G R I L B I

Lösung 7

H A N O K V S U X Z L G P I G X R P F
S Y U Z E C D Y V G S Z A R O J T Y L
U F T I C G I L N E D A M R L P X M M
M S M U S G S B N D F E I S R K N M G
I M O S H D A I E O N Y P G B R O A C
O Z T B D B E U R S E I D O C F N C W
S T Y E A Z N J C Z I J H Q H Z R U I
C B R D C H E H W J N R W V E M K T E
N F L W E H E L L P Z W H U J G R C M
A I A B L N B O W W E U P H N Z S K T
P M N Z O K T L G K L N E I Y V X B F
H K E R S A D S M G H B M B O Y E K V
Z Y L P L S E N F C E M H W E N H U L
P Q L L R I Q D P J I X O T T I W P A
U B O D N Z J N L Q T A F S M Z L U X
S G W P A G J Z A D E Q C R L M Z F V
X P V D I E   N K H N H A G O Y Z G W
W S W N D Z V P P Y L E L E E J M O N
B E J A H E N M X U N O G Y V Q S T U
X U N M H H A A S Q C E Q E G I B N J
O D C S S Q U S N O N M N O R K R B R
C C E W X D T L Z M Y D T M R A T U C
A U I T P F M F Z S A W C S E A P E H
O F C S L D T U U V E Y H I Q T G L J

Lösung 8

S A G E P G L L P I I F O Y U R J H V
O V Z L O A R H U V O P X E X P B X H
N O J S T H V R N A M N G I Z Z W A R
D S E F E Y K B C R C Y Q N E Q N M I
E W O O T O F N M Q Z X A I M D K H W
R G Y L Z I J C Z B R F N Z E T H K D
N Q E E S L E H B L N I O L F D C K X
T Z W B L G O R I M E T S L Z H R F G
L N V E Y Q N E B G H B J T Y W H A D
H R D I D G B U L A M A K F G L F Q X
K H A L I E D M G I E A U A G F S Y E
V E A R Y S I M K N N G L F E Z F W P
H G N H H X R E H N I A F Y S C I Z G
X H X H U Y I S C F C D F B L L H F N
L I J E J N D W P K R T E K P Q V R C
W E N N E G F M W M A N S B Y K E W Z
R T R Y A J T T N S T L P T T H S R R
C H A L R Y R E G J F B W B Q H N D S
W C W X O I J E F W M B S L F E Z F V
E I Y X X O Z X A H G N C J B R J G W
V N W R N G T B M T R G E E G X W C O
P P F L E X B E E V O Q G F E X O P D
C E U G G W Y O H W R Z D U N D T G C
Y L F D K Z H B E P G R G Y I N P B U

Lösung 9

B Z R K X S I T Y D P U A K M B K L N
U I S T J J S J N L Z H Z K D B K M E
V K A S G E V A L B O J G Q H J X P F
O D L I M D O X N I L X M V S D S I Z
I I S R S K S G S O E K Y B V E F Y Y
B C R D K O J A X I G B O O M A C A Q
I Y Z E A A U T S J I E E K L X H Q W
Q C I W T E C T N F U V S I G U M W V
W A S S Y B O Y I E M Y E Z W O U W G
R Z L L Z F P O O A M Q M Z T N Y Z S
R I R O K U C M N S G M M E Q X O E Q
V C E W V P L N W K W W O V K L B D O
I D A S A C Q S P V Z A A K D X X Q B
S O N D E R N M A N E J S N E K A L S
I O O Y Q G H J V U Z R K Q R B V L N
B O A F S O D H X I D P W C E D X L E
V C R G O G S N Z A E K B A V M R E B
L N I C H T A C D M D V U Q R V G S E
D W F M J N B R Q U T R Z W P T J A G
D U M H H H O E F N Y U B J K T E D A
N R V F R L D T R B H W T U R R F T J
F P N D P N D P A E K P Y C Q G N N F
Z C P L G F N V V T I A F L A P D G O
H X U E Q T T J U A M T T N O U Q L N

Lösung 10

G V K P B P N N U L G B E F A E A B K
D F E T S N E O H C S A U F W K D P C
E I Q G G R Q K T S I E X Z R C C V H
G D E C D X N F Z J H T S O Y R R Z M
J Z W E N Z C J L L U N S L U C A F L
W Q N Y I Y K T E K J M G A K J X D S
H J J Z W D D N Z F W H E F I L I I Q
Q V P V T J N I P R S F G I N O U Z C
O K Z Y U Z B E E E A H U N A F B G L
G G L C S P Y S D X O Y G E U G V C I
J J I D V D K R O N N A R H F C B X M
H J D S F R B F F X I I W W Z I X X A
Z D Y F I E L H R F F F O K U M J N A
L J E E N G Q Y Q D X E P U O V H W A
H F T N D L P R L Z I N E M N A J D B
T Y U C E U C V E K G P Y Q E L A M L
N H D A N E B W S J W M V P C I L I U
L A O D N C F T E H C D N U Z T C T I
K Y K U X K I X V Y V A L A X P D U A
G J W Z I P B G L H Y B D U Y Q F U F
N Y O C M S Y S U N E H C S N E M F E
U R H Q T I A Y F F Z L G C O K E N K
J U L O W D O D Y M J D T P I S V W R
M G O X R F R G J X X K H U E D O P S

Lösung 11

K	Y	G	A	S	F	N	K	O	O	L	W	M	B	A	H	F	U	K
Q	U	A	H	X	I	N	O	E	T	M	B	X	G	K	V	T	V	V
U	Y	L	Q	C	E	A	C	A	S	T	Z	E	G	T	I	O	Y	I
W	J	C	H	G	P	K	A	A	S	E	C	I	N	G	P	A	S	N
H	G	T	M	S	F	Y	H	J	L	E	R	T	Y	B	P	P	O	A
R	S	X	L	G	H	O	S	Q	Y	M	W	E	X	E	O	G	E	G
M	A	C	Z	O	P	L	W	Q	Q	I	P	L	D	Z	C	E	L	U
R	R	E	E	E	D	W	A	S	I	U	Y	L	H	N	U	K	P	V
C	E	R	B	A	A	E	T	R	X	D	U	J	S	G	A	P	D	W
I	K	I	E	V	X	Y	Q	X	I	D	S	E	E	N	C	U	T	F
W	U	Z	I	D	V	U	G	V	F	W	Z	I	H	R	F	E	U	W
H	X	D	L	N	N	M	L	G	S	A	J	A	I	X	W	G	W	L
K	H	S	N	P	D	A	U	G	T	J	T	P	B	S	P	L	G	M
T	X	O	P	K	K	W	A	B	L	W	P	M	X	X	T	J	E	N
W	G	S	C	U	G	W	W	Y	W	S	Y	X	Y	H	V	D	M	U
L	L	N	R	N	R	D	P	C	Q	H	U	K	K	Y	S	M	X	S
T	I	G	O	O	Z	L	N	F	L	D	D	L	B	V	S	N	D	T
M	T	H	C	I	L	K	C	E	U	L	G	Z	H	G	S	Y	A	V
G	N	Z	S	H	F	C	W	B	S	Q	N	H	K	J	R	O	A	K
O	E	J	S	A	Z	N	O	O	E	N	L	E	N	G	B	E	X	X
U	N	C	X	T	F	J	B	D	W	Z	P	O	B	M	U	X	W	D
P	D	L	N	S	N	D	A	W	O	D	N	M	U	E	W	X	H	R
O	M	V	F	I	Y	V	X	Z	B	I	L	S	H	U	I	K	L	N
F	G	L	U	E	C	K	R	P	K	L	I	S	L	H	F	L	I	J

Lösung 12

G	N	I	W	G	W	B	Y	Y	P	K	N	S	M	E	D	E	R	S
K	A	D	E	Y	G	N	Z	M	W	U	Y	Y	N	A	Y	P	P	G
Z	A	S	L	A	I	L	D	F	R	R	N	I	F	M	C	I	V	N
V	X	X	G	T	R	N	Y	K	P	A	K	F	H	V	A	H	F	O
M	D	G	P	O	L	S	J	N	M	I	L	Q	C	J	W	I	T	V
I	J	O	N	W	U	T	S	N	O	A	F	S	G	O	U	N	Y	F
M	M	N	I	C	H	T	D	F	T	K	O	B	N	Y	D	K	C	M
U	U	Y	S	G	F	F	V	N	A	F	A	C	Q	P	O	U	D	S
A	N	B	R	T	N	M	G	R	G	B	D	R	W	U	C	Q	C	K
O	B	E	M	W	X	P	E	R	F	B	Y	H	H	B	J	Q	O	Q
U	V	V	G	I	V	F	H	D	L	D	F	K	K	M	U	W	G	C
B	J	P	G	K	A	E	B	T	N	T	L	G	Q	R	F	R	D	F
J	A	D	J	B	M	Q	S	R	B	E	Z	Y	J	A	G	C	I	M
X	Z	Q	U	O	R	N	Q	O	P	E	B	O	V	Q	D	Y	Z	C
Q	C	I	Q	K	J	J	D	D	I	L	F	E	S	I	E	H	T	M
Z	W	Y	D	J	L	C	G	G	T	X	M	A	I	Z	E	M	G	W
W	Z	W	Z	Z	Q	C	D	N	I	L	B	E	H	L	J	H	G	B
U	U	M	M	I	W	H	D	X	N	Z	Y	U	I	J	Y	E	A	Z
T	M	G	X	I	K	L	D	L	B	E	E	E	L	B	W	S	R	E
W	L	L	H	L	Z	G	T	U	W	G	B	E	R	F	S	F	D	G
A	F	L	X	Y	Y	H	T	X	C	E	I	O	U	N	N	Y	U	V
K	Y	J	R	J	P	S	C	N	V	U	N	U	I	X	Z	D	E	R
K	B	M	C	L	I	Z	H	G	M	I	N	V	I	V	T	I	E	W
V	T	I	S	J	H	B	H	Z	Z	C	I	P	H	H	T	P	O	S

Lösung 13

Y	K	B	E	W	C	B	I	H	Z	I	C	E	A	N	V	L	L	E
W	D	S	K	S	L	I	R	R	W	S	J	T	L	J	K	H	N	V
T	N	Z	Z	A	H	N	X	G	I	A	M	X	L	A	X	U	N	T
C	W	H	S	K	A	N	N	F	M	A	Q	T	F	A	B	I	E	H
V	A	K	C	T	X	C	U	O	Y	E	H	O	G	P	W	J	W	C
T	H	Y	R	T	F	T	G	K	J	Q	B	D	Z	U	Z	E	I	I
P	U	Z	A	X	S	A	W	X	Z	M	M	H	T	K	L	R	G	N
Z	E	B	N	I	C	H	T	U	E	T	K	L	E	X	Y	G	E	V
G	B	F	S	S	I	E	A	E	V	C	J	N	W	E	I	O	R	H
O	E	A	E	P	E	Y	Y	B	X	B	O	V	U	Y	H	P	D	P
P	R	O	S	B	N	I	Y	E	D	I	W	R	X	M	L	Z	T	C
E	L	T	I	O	V	G	N	R	Q	J	H	E	S	J	E	P	M	G
E	C	I	M	B	K	G	T	S	C	S	Z	N	R	S	C	S	P	I
J	W	T	P	D	U	F	W	A	F	S	E	K	M	R	V	D	U	Y
H	Y	Z	I	O	K	F	N	N	S	R	S	A	O	L	F	X	W	Z
W	T	I	U	Y	H	E	Y	E	Q	K	W	Q	S	E	J	X	C	E
N	K	B	M	U	H	R	O	R	H	E	U	S	O	D	A	Z	Z	R
R	X	E	Y	N	Z	H	C	S	N	E	M	F	N	A	U	F	L	O
T	N	W	B	U	O	J	A	B	D	S	G	G	A	M	K	M	M	Z
N	D	L	A	R	L	V	A	E	B	Y	A	R	T	P	P	Y	L	O
G	M	J	P	L	K	L	Z	O	U	N	E	B	E	I	L	E	X	F
D	Z	W	B	J	L	B	I	T	X	O	D	N	A	B	O	D	G	H
P	I	T	E	S	L	E	B	W	E	V	M	Z	Y	I	E	A	S	G
Q	H	A	S	W	J	T	S	I	Q	O	S	Z	W	R	F	L	F	N

Lösung 14

L	V	G	X	W	Y	M	X	M	R	C	T	S	U	A	K	U	A	J
C	X	U	M	P	J	J	Q	N	I	J	C	L	H	K	Z	D	K	X
P	X	R	U	T	H	K	F	O	W	B	H	S	L	K	M	N	D	Y
K	R	T	E	O	D	A	W	X	U	J	P	C	P	I	C	T	F	A
E	L	J	N	S	D	A	I	L	U	N	Z	B	T	D	G	V	M	N
F	B	R	J	H	S	I	M	M	J	Q	Y	R	Z	N	R	O	T	M
L	V	R	H	W	U	O	X	M	J	V	A	E	T	K	Y	L	F	W
L	A	T	R	D	J	S	R	L	D	F	Y	B	S	L	V	L	A	E
N	X	E	C	Z	N	H	J	G	R	L	R	A	Z	E	K	B	Q	C
F	J	O	F	O	N	M	P	G	I	W	B	F	J	I	K	R	X	O
M	L	L	K	Y	L	M	A	W	B	V	N	T	N	N	H	I	M	E
J	U	X	M	F	O	F	V	V	B	L	C	E	C	E	D	N	M	J
S	X	M	B	L	T	L	Q	E	F	M	S	P	R	I	U	G	X	M
Q	S	U	I	E	V	G	W	R	T	S	J	E	N	O	H	E	K	O
J	M	C	U	U	X	N	M	M	O	I	M	G	E	E	H	N	U	Q
Q	W	W	N	N	G	P	T	R	N	Z	E	Y	C	A	K	W	O	H
L	L	J	G	W	I	M	G	M	K	L	O	R	M	D	U	P	L	Q
I	W	D	Z	X	F	D	Y	O	Y	T	J	E	N	I	E	K	T	Q
B	P	W	J	G	E	M	E	A	S	O	U	I	S	A	A	B	D	Y
Q	Q	A	R	F	F	N	S	E	P	F	G	S	S	F	W	P	K	X
L	C	R	P	D	N	N	I	K	V	E	S	V	S	T	F	N	W	Z
M	E	L	Q	E	U	D	R	Y	I	E	B	E	I	L	X	T	M	R
A	Z	Q	N	R	C	L	V	F	E	D	I	U	R	Z	Y	O	O	Y
V	J	J	F	Y	N	P	T	G	B	S	G	A	W	L	T	G	Z	J

Lösung 15

```
G P R Y D E B K R Y X E I W C E K I A
Q V X K Y W C B M K H O T E C V V V Z
A E P I R H B Y G W F M I G G A D W K
G Z T E B P B W Q B U N S Q J E S X Q
C Y O M B Z F S D E E Q A Q A F R M W
D P A Z B E X E B M S U C B Z L X Y R
C T H I V N I T M X H H X J D R H A R
N G H Y K Q F L T G X F W I C H T I G
G E A G B Q M E K M T S I I Y K G O S
J N F K J T R V Y U Y D P C F I F U I
Q A B Q S C K S D M H S J O C M G K U
R U D K A D B S K B D O R Z E M H X Y
G S X T V I I Q B F X N M E X N D Q V
Y O L Q U Z O E V T E Z I D D Z Y D S
N E K O M P O S I T I O N S A Y T W E
H O H L U P C G Q R G U E E I D U G N
S O B S S Y B U S F B X M X T Q F F N
J H D A B O L L Y L V J N L N T S M E
W E H S C M U S I K T F D E H H D Q S
Q Y R E V Z D B M V W M K Y D J S J U
E T F Z N I S J R L Z A B Z W V R P A
O S N E Y V S F J R M T O E Z F H K P
N M B O G G Q I T P H E I A I L I J R
O P T R J I A E A D G Y V U O Q V D B
```

Lösung 16

```
Q Q I H A L V Q I F T U W Y J B W C N
P U H Z V C F T W W B H P Z O N K M J
F O R F L Z L M R H E M T S O Q T I V
Y F G N X X V Q L A M D N C U B S G J
U G Z N S T K B R F E Z M H Q E M C H
O X Q E Z S W O F S E H Y O A W Y W H
Z U N V I A J Q T G M E O E C D P O O
R T V E S E U O S D Y P V N X E Y K A
V E T S I X T H D L B Q E E K S Y E I
X T W L I E B T W T W J A R X G E B K
Q H B T Y Y D E S F W R P L M M R E W
R C N L Z T D I Q N A M W G L O T I L
D A E E M Y G G G B P Q K B F E R L F
E R O W I X K E J H L A T N B D S I K
R T H N F B Z N W E B V R F F L V K L
N E C E Q C B T S A M Q G B H B W T D
S B S D I O U L S J Y H J L L M K U B
D F O N M I T I L V A M O N N H X U D
N F Q I U A W C V Y M S D I E F X V G
A F K F X I D H S J A I H N V S B L S
M B G Q I A E Z E C P Y Q Z J I I W T
E L D K E M R O Q C Y K D Z Q D D K J
J X Y M C L D R R A L G K X Q L I X N
B W G E Y D D D J J L F K G L I S V D
```

Lösung 17

```
J B J A H I H F B E O W I V E A K U T
L C N I U F J C K K H F P Q Z Y E G O
V N F G V H U Q O K V Z P B T B N L M
M M E C B Z E F B W O W A U E V O H T
P D O K R G C R V X L V Q B H D O I B
K R L T V Z R R V I K O C I F C L E W
N Q T N I B H P K O U O W B H Y E Q E
Q V K I J F R N V S R U Y S N U M U R
S V X D K Y U N E M G N C H Y D N X W
V L X K P K A G Z U U H K F O D N D E
E S I P M V V L S M A I V N V V K U C
B E C T W E N A A E K Q R X E Q K G K
I A G W C E V Q T W H R K D L G U P E
C Q P Q F I A Z Z F I U B W H S G Y N
F B L U N N U M D R N T M N A N C Q T
N V R R V N Z Z C M U N Z O U R E U O
D B Q I G H T K S V K X X T R B G H L
M O H V V E R S T A N D H Q J K P A L
O C V S Y G I S Q J Y C E B E I L F P
G C Q S J D I Y L Y A K R I N F D N U
S Z A I C Y G N U G I E N U Z I P Q A
X Y A T X I F F Y F U J M W A U D B T
P A R Z C F P E I N E G K N O U C N O
V K C U J R Z S Z I O X H R Z I X J A
```

Lösung 18

```
K B F M E M G O C G S F I O F Q M W A
M N U S K Z Y W W O X B T C P C J D W
D F E B T W D Z M X V B M P I K P D J
U V I Z Z S S U T F S B U O I I Y K B
C X G K G D Z J L L D X M R C E O S U
W T Q N O V J I E G W Y G Y D T A B C
C D G V G E Q G W W A E D F C N T I F
U C Q I T J J A B B N N D U B D K B X
B D P Q I F P M D D U D I E A A Y X L
I E T R K H A N J L O F T P L K C T B
S Z F H K W J E I E O F W I E G S X U
T X O U I F M H G X B K E I F E P D Y
B I S T Z A X T Q D W R D U J H Z F W
B O E K N S F M O U W Z L N D V R B G
F W J D E M E V L U M P Y B B W W A J
C W Y K F W V C F O W N B T L Z V U K
N F U E R V L T W T V I S R E Z B M J
Z K M U N V A I X G C C E V H F L W S
S C D N A M E J D N E G R I O V K F L
Y I K N M F T R Z D T X R Y Y G U C D
R P W P Y L I G J N S Q H N X R U Q J
Z E H J E P W X U C T E J Q W I E S T
I P U W J Q P W H T N I K J S L V B K
U O F F E A T K C K D M U O X Z R A A
```

Lösung 19

M	N	O	D	V	J	C	G	S	Z	I	C	H	N	Y	S	I	U	P
A	Z	C	W	X	D	P	B	E	V	A	G	Q	C	I	V	N	V	Z
Q	X	N	G	C	G	Z	B	J	G	K	H	U	E	D	C	Q	K	T
W	T	X	C	C	V	D	L	F	H	M	R	C	B	U	F	H	S	D
D	N	N	E	N	R	Q	K	Q	C	Q	L	I	D	G	I	R	T	W
U	B	M	I	C	H	Y	N	C	S	Z	L	Q	H	O	C	A	I	E
K	Q	N	I	H	E	H	D	T	I	A	N	R	D	U	H	X	N	H
U	K	L	Z	C	N	B	V	J	N	M	F	F	H	E	M	N	Q	T
U	C	C	E	M	Z	W	E	V	D	R	J	F	M	E	M	K	E	U
A	N	D	I	R	A	P	P	I	I	F	W	E	Q	P	D	H	L	N
S	L	L	B	E	M	L	H	M	D	C	Q	J	O	H	H	E	S	T
E	R	L	G	J	C	U	P	V	B	T	R	Q	Y	Z	R	Z	U	J
P	E	N	L	Q	X	O	F	G	N	Q	Q	G	L	U	A	K	F	X
H	I	X	M	R	I	X	S	D	Z	C	Q	J	G	N	W	F	T	R
G	S	K	H	S	R	U	I	P	V	I	T	H	B	D	F	X	J	T
A	M	C	T	N	I	F	N	E	Z	T	E	L	R	E	V	K	L	W
F	X	Y	F	I	V	R	H	E	Z	D	G	M	G	C	Z	N	H	E
T	Y	M	V	E	T	V	L	T	U	M	N	C	R	Q	G	Z	Y	I
B	Y	K	S	L	S	W	T	S	Y	N	D	G	N	M	D	G	S	J
M	B	F	C	Z	Y	G	K	N	A	N	X	C	L	T	L	J	O	E
P	D	R	D	A	N	P	G	J	E	N	A	D	J	E	S	I	W	R
A	G	B	R	N	A	L	O	G	L	C	S	M	G	X	O	D	I	U
S	T	L	A	V	F	G	E	N	N	S	S	Y	G	Z	N	M	R	E
V	S	K	L	J	Y	S	G	D	B	G	H	D	Y	S	Q	T	H	B

Lösung 20

D	J	G	O	T	M	J	G	Z	V	S	L	D	I	H	J	X	G	U
Y	Z	G	K	C	A	P	I	V	D	Z	V	R	Z	A	O	W	K	E
P	P	I	C	J	J	T	E	Z	J	I	T	R	Q	D	J	T	H	E
W	S	H	E	K	P	K	W	G	S	S	U	M	M	E	Q	C	B	T
K	U	T	M	B	F	F	U	W	V	R	N	U	F	G	F	E	I	I
K	I	H	J	K	Y	M	E	R	M	Z	V	G	C	G	T	U	M	X
H	X	Y	H	Q	X	V	K	C	O	S	W	V	Q	S	Y	U	F	L
E	B	T	G	V	C	W	W	O	V	C	D	A	Q	M	E	N	X	M
R	J	U	B	M	O	J	I	G	P	A	T	Z	D	H	D	S	W	W
L	B	Z	B	J	E	S	D	Z	N	J	N	S	F	W	A	E	G	V
D	N	I	S	I	M	I	Z	T	Z	U	T	T	T	E	P	R	Q	U
F	Z	J	R	X	D	B	H	D	Y	V	H	H	E	T	V	E	A	Y
D	L	S	I	Y	E	T	D	O	A	B	F	N	J	O	U	S	R	O
V	Q	A	W	N	Z	Y	P	I	Q	B	V	H	N	G	K	E	M	I
T	F	R	S	Q	A	W	A	A	S	D	X	O	K	M	M	D	V	E
R	X	G	D	C	H	Y	E	T	B	I	Q	W	W	P	Y	P	L	W
X	L	Z	J	E	N	A	T	I	K	E	W	D	P	Q	E	Y	Z	Q
U	P	E	B	D	M	Q	Q	M	D	Y	L	H	W	B	A	K	G	Z
H	T	N	D	T	C	N	Y	F	L	I	E	B	E	N	R	A	G	B
G	Q	U	F	X	Y	G	E	X	G	S	N	E	B	E	L	W	O	M
M	B	P	C	Q	I	G	E	N	V	E	L	A	D	A	C	W	C	D
E	I	A	I	Q	Z	C	C	C	A	M	O	G	Z	K	P	R	P	Q
B	H	D	W	B	H	O	W	O	W	Y	B	H	O	F	L	E	C	S
N	L	B	K	E	A	S	T	U	N	D	E	N	O	N	K	O	T	R

Lösung 21

Y	E	F	O	T	H	S	S	F	Z	S	Q	B	H	F	O	U	G	M
H	U	E	O	R	Q	P	R	Q	W	U	U	A	A	O	J	U	W	N
C	S	K	C	E	U	L	G	J	H	K	G	E	H	M	P	Y	A	G
W	R	A	P	G	P	R	A	N	J	J	P	S	X	R	I	E	Z	B
Z	E	G	K	Z	Z	S	B	P	I	I	Z	H	L	S	G	I	M	H
G	N	O	V	B	Z	K	R	A	F	P	F	A	B	I	M	K	O	C
L	I	Z	H	N	J	I	Z	T	Q	O	Z	K	P	Y	J	J	B	V
W	E	W	F	O	Q	O	C	F	E	T	T	F	O	N	A	Z	J	G
N	D	V	E	B	E	B	Y	I	P	E	E	R	I	Z	D	E	Q	X
D	X	G	S	R	C	J	V	W	N	L	V	T	O	U	K	V	S	Y
V	N	E	Q	V	D	Z	O	D	C	Q	F	S	A	D	W	H	H	K
B	S	C	M	Z	Y	E	Y	K	R	Z	R	I	Y	P	L	I	E	B
U	H	P	Y	Z	F	I	N	S	E	E	L	E	F	H	N	U	T	C
E	I	C	Z	L	H	J	F	W	B	X	P	R	X	N	K	X	E	S
D	P	A	N	M	H	P	O	I	V	J	P	Y	C	V	F	U	X	U
R	U	K	N	R	Y	A	R	D	W	H	A	Q	L	W	I	F	N	O
D	R	B	R	Z	M	A	W	D	X	W	E	R	Z	N	U	W	C	T
K	O	J	L	C	W	S	O	W	D	D	I	O	T	S	F	G	F	Y
S	L	Z	Z	S	R	W	N	N	S	F	I	S	P	X	Q	Y	N	N
Y	C	U	Z	Y	J	T	D	Q	N	P	M	Q	X	R	P	M	X	O
I	M	F	D	E	S	G	E	L	I	E	B	T	Y	N	H	W	N	J
K	F	U	J	N	H	M	X	X	A	K	X	J	J	X	T	S	F	P
F	B	H	I	T	F	B	O	E	R	G	W	F	V	B	U	M	N	F
I	Y	R	E	D	S	C	H	O	E	N	E	N	K	D	N	B	I	Q

Lösung 22

I	F	I	Y	F	F	D	X	D	D	Z	N	M	M	Y	X	J	I	Q
I	Q	O	J	J	O	T	R	A	U	N	N	P	C	S	A	H	S	Y
J	Y	O	L	M	R	L	N	Y	C	D	A	Q	F	D	U	G	E	T
T	E	T	W	D	Z	P	J	Z	F	M	F	Y	X	O	R	D	I	Z
Y	U	M	H	W	X	Y	N	W	R	Q	R	N	D	Z	W	Z	N	U
Z	R	Z	B	J	Z	P	X	Z	D	B	T	Z	Y	E	J	X	E	L
K	N	W	I	E	O	U	Z	T	E	E	Q	T	T	F	Z	K	S	E
U	R	V	Q	O	H	J	G	E	T	Q	J	N	C	T	G	T	Q	B
O	Q	Y	K	Q	T	L	D	N	L	J	A	G	R	T	Q	E	B	E
Z	U	L	O	C	J	Y	M	G	G	S	B	A	P	E	A	W	B	N
R	D	Z	T	N	X	X	Q	E	W	I	E	K	N	U	G	W	O	S
E	N	U	R	W	D	D	B	G	L	J	I	N	G	B	I	W	Y	S
D	A	S	F	L	I	Q	I	E	A	U	G	M	E	B	W	E	W	L
E	Y	H	J	V	I	P	E	B	M	X	M	L	M	Y	E	K	S	O
J	I	A	Z	Z	O	T	Q	B	N	C	R	D	F	R	W	M	D	O
U	E	R	D	Z	Z	V	O	D	I	D	S	Q	P	I	E	F	U	D
E	R	K	E	N	N	E	N	B	E	O	R	T	X	D	F	B	W	G
K	I	C	X	K	Y	O	H	C	S	N	E	M	W	P	P	Z	A	J
X	N	V	M	X	Z	G	V	Y	D	D	N	K	C	G	J	S	U	B
U	A	C	G	I	T	I	E	Z	T	H	C	E	R	B	R	I	H	O
T	U	Q	Y	H	W	L	G	N	V	Z	B	H	N	L	G	W	Z	X
K	Q	G	E	E	A	F	J	G	M	H	G	P	A	H	I	Q	Q	E
V	X	D	Q	V	W	L	P	W	V	C	P	W	E	N	I	G	E	O
V	V	S	M	E	N	S	C	H	E	N	H	T	E	J	F	B	D	M

Lösung 23

A Z I M G X B B C N Q P T D I U H K H
B H K E N M F Z Z K N O N T G Y K V N
Z G R B M Y M N D I P I K E J G N T F
U E U J Q R I Z X K C O D B Z X T B W
V Y L K L A C M W U Q L W P G R N C E
N U N T D T N D S W L W N N U U E X S
E S Y B B V O I D E F H Y Y T J V H E
I I T N H I E P B U C Z N S Y Y S L N
D N V V V X O C E H Z C X Q P F G C T
S H E K A H S R Y G R E A I W B J K L
R U N F B M Q R K I A I O T A F R J I
X S R A B T H C I S N U N Z T O H T C
P K I S F I U Q P G S A F V M Y R B H
O T M F N D I N J X Q E F O O T D L E
Q R Y A P B I E D V B L L O Q X F X D
P Q M A S I F I S J T J U T M D C O E
I V A L V A Z G M E I B H D U S G H M
Q P K Z V A D N T I M O D S I E H T N
W R H Z I W J Z D B O V S D V V E E V
A I X U P J J C Q K V J U P X E G P R
I F A H I F K E L J A L Z G U U F Y M
S V W O L Z U B V W N U T Y A X U U T
T T X Y Z V M M E R L T A K F U O H Q
X T C T U Y X B S Y V U X D G K H O H

Lösung 24

P Z A J T O Y E U P G F H A W O Q H A
U I N L I I E L D O I U B E Q L F Q J
F B N A Y U M D W K T Z E S Q D H F L
E F D S C I Z D C B Y H G S V K C C Q
G S L T A H Z J E V D E E L W D A A Z
F W A D R E X G Y V O M G A D C B P B
N M M S B E E B L U J Q N K D I R Z M
I U G L T G H R J E U I E E O C I K A
C S T B N D X C S I M I S J I S R T O
H D M U U Z V S I E V M T D D Y I B X
T J N W D Z A C Y L D F E L C U R W I
H G I K M L N Q X G K D Z C X C Q N Z
I X X S N A D X D D J C Y X N Z D Q U
J Z K I T E Q I M M A G E Y S N R Q P
Q Q E J R V J B S Q F F Y U Y A U E T
A U J G J M E O L Q H D M Z L M O N D
Y R G Z U P G J E M A N D E M G U D I
R Q P A L T W P D T G C P Z H R A E N
I A Q G Y Q H W I Q O J K L B S M T Y
T Z S A F R W E G P Y V F U S S Z J G
I V U W P K L K H F U P H B A G J V C
F F H S C J M H F D J Y L N H Q U H F
S V E P E J A O I D U D N O R I J C B
F S X F L J S C K M W M W V J L L T L

Lösung 25

T R E U E J E S E M S S Q V I D O S C
M A C H T I G J Z W C Y J P L F P G C
Q A K N Q G S X Y O S U I B F A Q Y O
Y Y G S N U G T M O L Y B C S O P Q X
D J G E Z H M W V P D G J S P M F B X
Z O T T X M Q W U R E E I N E M L R O
E L M P Y L Q N Y N C U Z H A E Y O H
Y G Z O G Q H O F M K M I I C X Z R X
P U C K V H R C S T R N P G S V I Z H
W M P I Z B C E X K J N A V I N M L B
E H J C P F T Q I K K G N G W S Q A O
P C M G H J D D I Q E D E I K L L I R
G W O Z V E G P P A H Y I L Z I X U M
Q X X K T U H V I G P J I V R M P H F
S P W A T T J T O X M E T P X W T P K
K Q K B O X F H E R B U L L B G K B G
I I U Y L X L F A E B G P L M Q U Y P
N H C O S I K A V D Q Y I K O W N Y E
L I A S O Y A E U S D M M G V S E X N
R R O F C S N I E A Q V U U M Z B U N
R S W N B Q J D N K Y N K S F K C X I
G K A T T A A N Q W N N C X X Z V S E
G G A B G E J P Y E G Q V E X W J U K
L W O N C W K X W A M F F X E Y L U E

Lösung 26

N I V Q X V D N I S H O Q E N C B Z H
S D E N M G M Q A C K P H N Q M G Y C
E W I N Q Y Q N R T F Y I M S G N X G
V M E A L L E I N S K D M A X B K V U
Q V Q S R D U P B G Y E H O H O W O X
C Z I Y E H Q T C S R S H J U H X D F
S J Z Z A E K O J F R I W Z H C D A S
Y M X W I J J W O D E A L V M I F C P
B D S A E D T R J E U J Y G U S M V H
P G V H I I D K A L F J V R R G G L Y
I T U F N E L A E S S T Q C Y G C R L
P S Q P R Y A O Q S B S T V V W G T I
M N X L W K G J N U B O B G I O U S R
T F I N Y E R E I H W G E V I N I X N
F C P S Z B V G X L Y Q D J E K D O W
H M X G Z Z O S C U G C K H D L R N E
U N F P R D Q L P X P A C M P Z H T J
S F J M O Y K L E E K S O S E E A M R
T L R R F P L R H J N G Z F L L S G H
B T E L V T R A G E N E S S B E C I F
A F M Z A U S F M L G J F Q O M A I Q
E F M A X Q O D V O G L U E C K H P P
F F U F A L I R W B P I H Y B O P L A
E E K O X Y J N K D Y A P E N X I S H

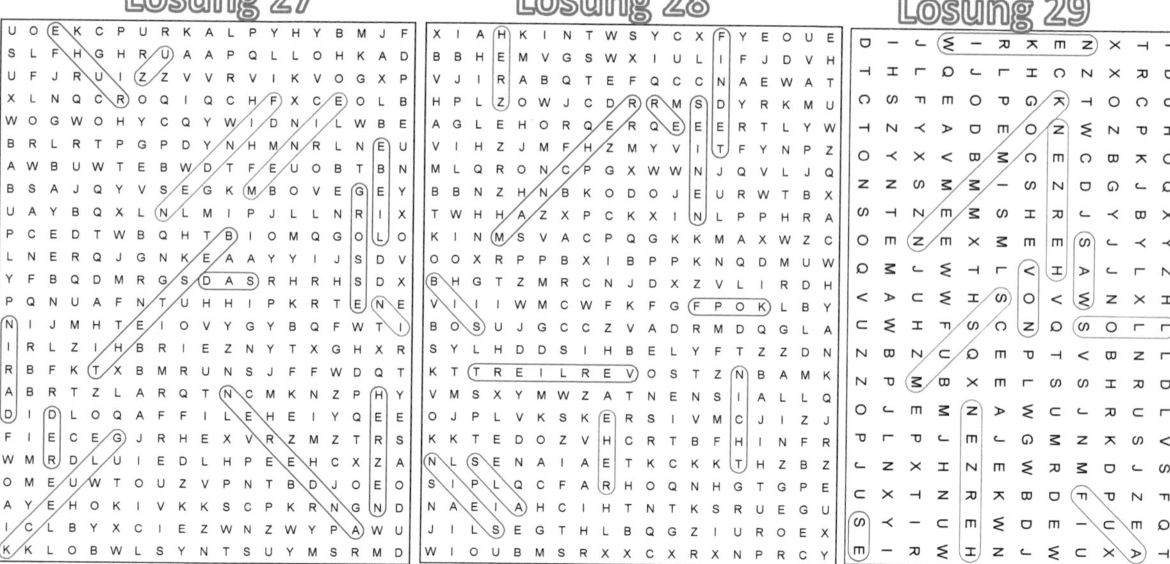

Weitere Wortsuchrätsel Sammelbände von Brian Gagg:

WORTSUCHRÄTSEL 4 in 1 SAMMELBAND 70iger, 80iger und 90iger Jahre
WORTSUCHRÄTSEL 2 in 1 SAMMELBAND 1. und 2. WELTKRIEG
WORTSUCHRÄTSEL 3 in 1 SAMMELBAND TENNIS, SQUASH und GOLF
WORTSUCHRÄTSEL 3 in 1 SAMMELBAND TISCHTENNIS, BADMINTON und MINIGOLF
WORTSUCHRÄTSEL 3 in 1 SAMMELBAND EISHOCKEY, FELDHOCKEY und SKISPORT
WORTSUCHRÄTSEL 3 in 1 SAMMELBAND FUßBALL, HANDBALL und BASKETBALL
WORTSUCHRÄTSEL 3 in 1 SAMMELBAND VOLLEYBALL, BOWLING und SCHWIMMSPORT
WORTSUCHRÄTSEL 3 in 1 SAMMELBAND REITSPORT, RADSPORT und SCHACH
WORTSUCHRÄTSEL 4 in 1 SAMMELBAND ANGELN, POKERN, FALLSCHIRMSPRINGEN und SKAT
WORTSUCHRÄTSEL 2 in 1 SAMMELBAND MUTTER und VATER
WORTSUCHRÄTSEL 2 in 1 SAMMELBAND OMA und OPA
WORTSUCHRÄTSEL 2 in 1 SAMMELBAND SCHWESTER und BRUDER
WORTSUCHRÄTSEL 3 in 1 SAMMELBAND BLUMEN, GARTEN und GRILLEN
WORTSUCHRÄTSEL 2 in 1 SAMMELBAND HUNDE und KATZEN
WORTSUCHRÄTSEL 3 in 1 SAMMELBAND SOMMER, HERBST und HALLOWEEN
WORTSUCHRÄTSEL 3 in 1 SAMMELBAND WINTER, WEIHNACHTEN und BIBELVERSE
WORTSUCHRÄTSEL 3 in 1 SAMMELBAND FRÜHLING, OSTERN und GEBURTSTAG
WORTSUCHRÄTSEL 3 in 1 SAMMELBAND BERLIN, MALLORCA und URLAUB
WORTSUCHRÄTSEL 3 in 1 SAMMELBAND UFO, SCIENCE FICTION und HORROR
WORTSUCHRÄTSEL 3 in 1 SAMMELBAND LEHRER, SCHULE und SPORTARTEN
WORTSUCHRÄTSEL 3 in 1 SAMMELBAND KRANKENPFLEGE, GLÜCK und BIBELVERSE
WORTSUCHRÄTSEL 3 in 1 SAMMELBAND KRIMINALITÄT, AUTOMARKEN und LUSTIGE SCHIMPFWORTE
WORTSUCHRÄTSEL 3 in 1 SAMMELBAND FREUNDSCHAFT, GLÜCK und LIEBESZITATE
WORTSUCHRÄTSEL 7 in 1 SAMMELBAND FRÜHLING, OSTERN, SOMMER, HERBST, HALLOWEEN, WINTER und WEIHNACHTEN
WORTSUCHRÄTSEL 6 in 1 SAMMELBAND TENNIS, TISCHTENNIS, GOLF, BADMINTON, SQUASH und MINIGOLF
WORTSUCHRÄTSEL 6 in 1 SAMMELBAND FUßBALL, FELDHOCKEY, EISHOCKEY, HANDBALL, BASKETBALL, SKISPORT
WORTSUCHRÄTSEL 6 in 1 SAMMELBAND VOLLEYBALL, RADSPORT, SCHWIMMEN, SCHACH, BOWLING und REITSPORT
WORTSUCHRÄTSEL 6 in 1 SAMMELBAND MUTTER, VATER, OMA, OPA, BRUDER und SCHWESTER
WORTSUCHRÄTSEL 4 in 1 SAMMELBAND BLUMEN, GARTEN, GRILLEN und SOMMER
WORTSUCHRÄTSEL 5 in 1 SAMMELBAND UFO, SCIENCE FICTION, HORROR, KRIMINALITÄT und HALLOWEEN
WORTSUCHRÄTSEL 6 in 1 SAMMELBAND BERLIN, MALLORCA, URLAUB, FREUNDSCHAFT, GLÜCK und LIEBESZITATE
WORTSUCHRÄTSEL 6 in 1 SAMMELBAND LEHRER, SCHULE, SPORTARTEN, GLÜCK, KRANKENPFLEGE und BIBELVERSE

Alle Themen auch als Einzelbücher verfügbar